本書係「敦煌文獻系統性保護整理出版工程」項目成果

二〇二一—二〇三五年國家古籍工作規劃重點出版項目
「十四五」國家重點出版物出版規劃項目
國家古籍整理出版專項經費資助項目

中國國家圖書館藏
敦煌文獻

中國國家圖書館 編

第五册

BD00063～BD00075

國家圖書館出版社

DUNHUANG MANUSCRIPTS IN THE NATIONAL LIBRARY OF CHINA

005

BD00063 ~ BD00075

compiled by the

National Library of China

National Library of China Publishing House

顧　問　方廣錩　郝春文　榮新江　李際寧

編纂出版　張志清　魏　崇　陳紅彦　殷夢霞　薩仁高娃
謝冬榮　劉　波　林世田　廖生訓

編　纂　林世田　薩仁高娃　常蓋心　于　瑞　劉毅超
劉　波　劉炳梅　周升川　劉　婷　程佳羽
沈艷麗　高　雅

編　輯　潘　竹　程魯潔　黄　鑫　苗文葉

審　稿　孫　彦　耿素麗　宋志英　鄧咏秋

凡例

一　本書刊布中國國家圖書館藏敦煌文獻，以館藏編號爲序編排。

二　館藏編號采用「BD+流水號」格式，如 BD00001, BD16579 等。背面在編號後加 v 表示。一個編號包含多件文獻者，編號後分别綴以字母 A, B, C 等。一件文獻含有多個内容者，以數字 -1, -2, -3 等標明順序。

三　圖版有縮印或放大處另加説明，尺寸超出本書幅面的以摺葉形式呈現。

四　卷軸裝、梵夾裝、經摺裝等裝幀形制的敦煌文獻，各附外觀圖像。

五　每件文獻依次呈現外觀、正面、背面等。背面僅刊布有文字、圖像或其他要素的圖版，而略去素紙部分，背面圖版同樣以從右到左順序編排。凡有外題者，遵從以上原則。

六　除個别特殊情況外，爲保證閲讀連貫、流暢，圖版儘量通欄呈現。

七　各葉上方附該件文獻全圖，以高亮形式顯示本葉大圖在全卷中的位置。部分長卷文獻全圖衹能分多段呈現時，在上段末以 < 符標示下段接續。卷尾内容不足一葉時，文獻全圖使用該圖卷尾部分，亦以 < 符標示。背面圖版文字與正面文字方向相反時，文獻全圖按原貌顯示，正文翻轉呈現，以便閲讀研究，用 ↻ 符標示。

八　文獻題名大體沿用中國國家圖書館此前所編多部敦煌文獻目録的考證，部分吸收學界最新研究成果略作調整和完善。文獻題名綜合參考原卷首題、尾題、外題確定，如原卷題名與該文獻正式名稱不同，則采用正式名稱；無題名者，或比定題名，或擬定新名。非漢文文獻在題名前標注語種。有分卷不同等其他情況者，括注於文獻名稱後。

九　本書著録使用通行繁體字，涉及原文中的人名、地名等，必要時保留原字形。

About this publication

1. The documents are presented in shelfmark order.
2. The shelfmarks are in the form BD plus a running number, eg. BD00001, BD16579, &c. If a given shelfmark contains multiple documents, these are distinguished by the letters A, B, C, &c. If a document has multiple contents, they are distinguished by the numbering 1, 2, 3, &c. The verso side of an item is indicated by the letter v.
3. If it has been necessary to reduce or enlarge the size of an illustration, the dimensions are indicated. If the size of an illustration exceeds the size of the book, a folding sheet is used.
4. If the document is a scroll, a folded sutra, or has a stitched binding, a picture of the whole object is provided to show its external appearance.
5. The cover, front, and back of each document are reproduced in sequence. The back of a document is only reproduced if it contains text, illustrations, or other markings, and it is oriented from right to left. If it is blank it is not reproduced.
6. Except in a few special cases, the lines of text are reproduced unbroken to make them coherent and easier to read.
7. An illustration of the complete document is reproduced at the top of each page, and the section where the main illustration appears is highlighted in order to indicate its position. If it has only been possible to reproduce a long scroll in sections, the direction symbol has been used to indicate where one illustration ends and the next one begins. If the end of the scroll occupies less than one page, the direction symbol is used to indicate its position in the illustration of the complete document. If the text on the back of the document has a different orientation from the text on the front, it is reproduced as it is, but is also rotated (indicated with the rotation symbol) so that it can be read easily.
8. The titles of the documents generally conform with those already established by the Library, but in some cases have been amended by drawing on the most recent scholarly research. The titles are derived firstly from the beginning of the text, then from the end of the text, and lastly from the cover. If the title of a document differs from its authoritative form, the authoritative form is used; and if a document has no title, one is either supplied by comparison with similar documents, or a new one is devised. If the document is not in Chinese, its language is indicated before the title. If the number of juan is different from that of the authoritative version, or if there are other irregularities, this is noted.
9. The documents in the book are in traditional Chinese characters. Where the title contains personal or place names, the original characters used for these names are retained.

(Translated by David Helliwell)

第五册目録

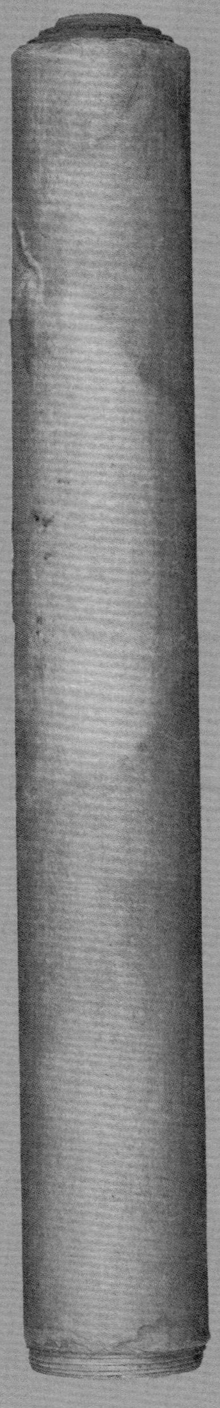

BD00063 妙法蓮華經卷三

（後秦）鳩摩羅什 譯

760.9cm × 25.8cm

心尚懷憂懼　如未敢便食　若蒙佛授記　尒乃快安樂
大雄猛世尊　常欲安世間　願賜我等記　如飢須教食
尒時世尊知諸大弟子心之所念告諸比丘
是須菩提於當來世奉覲三百万億那由他
佛供養恭敬尊重讚嘆常脩梵行具菩薩
道於最後身得成爲佛号曰名相如來應供
正遍知明行足善逝世間解无上士調御丈夫
天人師佛世尊劫名有寶國名寶生其土平
正頗梨爲地寶樹莊嚴无諸丘坑沙礫荊棘
便利之穢寶華覆地周遍清淨其土人民皆
處寶臺珍妙樓閣聲聞弟子无量无邊筭數
譬喻所不能知諸菩薩衆无數千万億那由
他佛壽十二小劫正法住世二十小劫象法

亦住二十小劫其佛常處虛空為衆說法
度脫无量菩薩及聲聞衆尒時世尊欲重
宣此義而說偈言
諸比丘衆　今告汝等　皆當一心　聽我所說
我大弟子　須菩提者　當得作佛　号曰名相
當供无數　万億諸佛　隨佛所行　漸具大道
最後身得　三十二相　端正殊妙　猶如寶山
其佛國土　嚴淨第一　衆生見者　无不愛樂
佛於其中　度无量衆　其佛法中　多諸菩薩
皆悉利根　轉不退輪　彼國常以　菩薩莊嚴
諸聲聞衆　不可稱數　皆得三明　具六神通
住八解脫　有大威德　其佛說法　現於无量
神通變化　不可思議　諸天人民　數如恒沙
皆共合掌　聽受佛語　其佛當壽　十二小劫

神通變化 不可思議 諸天人民 數如恒沙
皆共合掌 聽受佛語 其佛當壽 十二小劫
正法住世 二十小劫 像法亦住 二十小劫
尒時世尊復告諸比丘衆 我今語汝 是大迦
旃延於當來世 以諸供具供養奉事八千億
佛 恭敬尊重 諸佛滅後 各起塔廟 高千由旬
縱廣正等五百由旬 皆以金銀琉璃車𤦲馬
瑙真珠玫瑰七寶合成 衆華瓔珞 塗香末香
燒香繒蓋幢幡 供養塔廟 過是已後 當復供
養二万億佛 亦復如是 供養是諸佛已 具菩
薩道 當得作佛 号曰閻浮那提金光如來 應
供正遍知明行足善逝世間解无上士調御
丈夫天人師佛世尊 其土平正 頗梨爲地 寶

樹莊嚴黄金爲繩以界道側妙華覆地周遍
清淨見者歡喜无四惡道地獄餓鬼畜生阿
脩羅道多有天人諸聲聞衆及諸菩薩无量
万億莊嚴其國佛壽十二小劫正法住世二
十小劫像法住二十小劫尒時世尊欲重
宣此義而說偈言
諸比丘衆　皆一心聽　如我所說　真實无異
是迦旃延　當以種種　妙好供具　供養諸佛
諸佛滅後　起七寶塔　亦以華香　供養舍利
其最後身　得佛智慧　成等正覺　國土清淨
度脱无量　万億衆生　皆爲十方　之所供養
佛之光明　无能勝者　其佛号曰　閻浮金光
菩薩聲聞　斷一切有　无量无數　莊嚴其國
尒時世尊復告大衆我今語汝是大目揵連

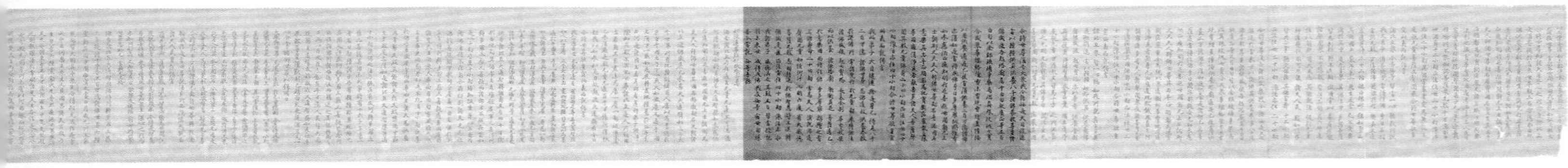

尒時世尊復告大衆我今語汝是大目揵連
當以種種供具供養八千諸佛恭敬尊重諸
佛滅後各起塔廟高千由旬縱廣正等五百
由旬以金銀琉璃車璩馬瑙真珠玫瑰七寶
合成衆華瓔珞塗香末香燒香繒蓋幢幡
以用供養過是已後當復供養二百万億諸佛
亦復如是當得成佛号曰多摩羅跋旃檀香
如來應供正遍知明行足善逝世間解无上
士調御丈夫天人師佛世尊劫名喜滿國名
意樂其土平正頗梨爲地寶樹莊嚴散真珠
華周遍清淨見者歡喜多諸天人菩薩聲
聞其數无量佛壽二十四小劫正法住世四十
小劫像法亦住四十小劫尒時世尊欲重宣

此義而說偈言

我此弟子　大目揵連　捨是身已　得見八千
二百万億　諸佛世尊　為佛道故　供養恭敬
於諸佛所　常脩梵行　於无量劫　奉持佛法
諸佛滅後　起七寶塔　長表金剎　華香伎樂
而以供養　諸佛塔廟　漸漸具足　菩薩道已
於意樂國　而得作佛　号多摩羅　栴檀之香
其佛壽命　二十四劫　常為天人　演說佛道
聲聞无量　如恒河沙　三明六通　有大威德
菩薩无數　志固精進　於佛智慧　皆不退轉
佛滅度後　正法當住　四十小劫　像法亦尒
我諸弟子　威德具足　其數五百　皆當授記
於未來世　咸得成佛　我及汝等　宿世因緣
吾今當說　汝等善聽

吾今當說　汝等善聽

妙法蓮華經化城喻品第七

佛告諸比丘乃往過去无量无邊不可思議
阿僧祇劫尒時有佛名大通智勝如來應供
正遍知明行足善逝世間解无上士調御丈
夫天人師佛世尊其國名好成劫名大相諸
比丘彼佛滅度已來甚大久遠譬如三千大
千世界所有地種假使有人磨以爲墨過於
東方千國土乃下一點大如微塵又過千國
土復下一點如是展轉盡地種墨於汝等意
云何是諸國土若筭師若筭師弟子能得
際知其數不不也世尊諸比丘是人所經國
土若點不點盡末爲塵一塵一劫彼佛滅度

已来復過是數无量无邊百千万億阿僧祇
劫我以如来知見力故觀彼久遠猶若今日
尒時世尊欲重宣此義而說偈言
我念過去世　无量无邊劫　有佛兩足尊　名大通智勝
如人以力磨　三千大千土　盡此諸地種　皆悉以為墨
過於千國土　乃下一塵點　如是展轉點　盡此諸塵墨
如是諸國土　點與不點等　復盡末為塵　一塵為一劫
此諸微塵數　其劫復過是　彼佛滅度来　如是无量劫
如来无导智　知彼佛滅度　及聲聞菩薩　如見今滅度
諸比丘當知　佛智淨微妙　无漏无所导　通達无量劫
佛告諸比丘大通智勝佛壽五百四十万億
那由他劫其佛本坐道場破魔軍已垂得阿
耨多羅三藐三菩提而諸佛法不現在前如
是一小劫乃至十小劫結跏趺坐身心不動而

是一小劫乃至十小劫結跏趺坐身心不動而
諸佛法猶不在前尒時忉利諸天先爲彼
佛於菩提樹下敷師子座高一由旬佛於此
坐當得阿耨多羅三藐三菩提適坐此座時
諸梵天王雨衆天華面百由旬香風時來吹
去萎華更雨新者如是不絶滿十小劫供養
於佛乃至滅度常雨此華四王諸天爲供養
佛常擊天鼓其餘諸天作天伎樂滿十小劫
至于滅度亦復如是諸比丘大通智勝佛過
十小劫諸佛之法乃現在前成阿耨多羅三
藐三菩提其佛未出家時有十六子其第一
者名曰智積諸子各有種種珍異玩好之
具聞父得成阿耨多羅三藐三菩提皆捨所

珂往詣佛所諸母涕泣而隨送之其祖轉輪聖
王與一百大臣及餘百千万億人民皆共圍
繞隨至道場咸欲親近大通智勝如來供養
恭敬尊重讚歎到已頭面礼足繞佛畢已一
心合掌瞻仰世尊以偈頌曰

大威德世尊　為度衆生故　於无量億劫　尒乃得成佛
諸願已具足　善哉吉无上　世尊甚希有　一坐十小劫
身體及手足　靜然安不動　其心常憺怕　未曾有散亂
究竟永寂滅　安住无漏法　今者見世尊　安隱成佛道
我等得善利　稱慶大歡喜　衆生常苦惱　盲冥无導師
不識苦盡道　不知求解脫　長夜增惡趣　減損諸天衆
從冥入於冥　永不聞佛名　今佛得最上　安隱无漏道
我等及天人　為得最大利　是故咸稽首　歸命无上尊

尒時十六王子偈讚佛已勸請世尊轉於法

尒時十六王子偈讚佛已勸請世尊轉於法
輪咸作是言世尊說法多所安隱憐愍饒益
諸天人民重說偈言
世雄无等倫　百福自莊嚴　得无上智慧　願爲世間說
度脫於我等　及諸衆生類　爲分別顯示　令得是智慧
若我等得佛　衆生亦復然　世尊知衆生　深心之所念
亦知所行道　又知智慧力　欲樂及脩福　宿命所行業
世尊悉知已　當轉无上輪
佛告諸比丘大通智勝佛得阿耨多羅三藐
三菩提時十方各五百万億諸佛世界六種
震動其國中間幽冥之處日月威光所不能
照而皆大明其中衆生各得相見咸作是言
此中云何忽生衆生又其國界諸天宮殿乃

至梵宫六種震動大光普照遍滿世界勝諸
天光尒時東方五百万億諸國土中梵天宫殿
光明照曜倍於常明諸梵天王各作是念今
者宫殿光明昔所未有以何因緣而現此相是
時諸梵天王即各相詣共議此事時彼衆中有
一大梵天王名救一切爲諸梵衆而說偈言
我等諸宫殿　光明昔未有　此是何因緣　宜各共求之
爲大德天生　爲佛出世間　而此大光明　遍照於十方
尒時五百万億國土諸梵天王與宫殿俱各
以衣裓盛諸天華共詣西方推尋是相見大
通智勝如来處于道場菩提樹下坐師子座
諸天龍王乾闥婆緊那羅摩睺羅伽人非人
等恭敬圍繞及見十六王子請佛轉法輪即
時諸梵天王頭面礼佛繞百千帀即以天華

時諸梵天王頭面礼佛繞百千帀即以天華
而散佛上其所散華如須弥山并以供養佛
菩提樹其菩提樹高十由旬華供養已各以
宮殿奉上彼佛而作是言唯見哀愍饒益我
等所獻宮殿願垂納處時諸梵天王即於佛
前一心同聲以偈頌曰
世尊甚希有　難可得值遇　具无量功德　能救護一切
天人之大師　哀愍於世間　十方諸衆生　普皆蒙饒益
我等所從来　五百万億國　捨深禪定樂　爲供養佛故
我等先世福　宮殿甚嚴飾　今以奉世尊　唯願哀納受
尒時諸梵天王偈讃佛已各作是言唯願世
尊轉於法輪度脫衆生開涅槃道時諸梵
天王一心同聲而說偈言

世雄兩足尊　唯願演說法　以大慈悲力　度苦惱衆生
尒時大通智勝如来嘿然許之又諸比丘東
南方五百万億國土諸大梵王各自見宮殿
光明照曜昔所未有歡喜踊躍生希有心即
各相詣共議此事時彼衆中有一大梵天王
名曰大悲為諸梵衆而說偈言
是事何因緣　而現如此相　我等諸宮殿　光明昔未有
為大德天生　為佛出世間　未曾見此相　當共一心求
過千万億土　尋光共推之　多是佛出世　度脫苦衆生
尒時五百万億諸梵天王與宮殿俱各以衣
裓盛諸天華共詣西北方推尋是相見大通
智勝如来處于道場菩提樹下坐師子座諸
天龍王乾闥婆緊那羅摩睺羅伽人非人等
恭敬圍繞及見十六王子請佛轉法輪時諸

天龍王乾闥婆緊那羅摩睺羅伽人非人等
恭敬圍繞及見十六王子請佛轉法輪時諸
梵天王頭面礼佛繞百千帀即以天華而散
佛上所散之華如須弥山并以供養佛菩提
樹華供養已各以宮殿奉上彼佛而作是言
唯見哀愍饒益我等所獻宮殿願垂納受尒
時諸梵天王即於佛前一心同聲以偈頌曰
聖主天中王　迦陵頻伽聲　哀愍衆生者　我等今敬礼
世尊甚希有　久遠乃一現　一百八十劫　空過无有佛
三惡道充滿　諸天衆減少　今佛出於世　為衆生作眼
世間所歸趣　救護於一切　為衆生之父　哀愍饒益者
我等宿福慶　今得值世尊
尒時梵天王偈讚佛已各作是言唯願世
尊哀愍一切轉於法輪度脫衆生時諸梵天

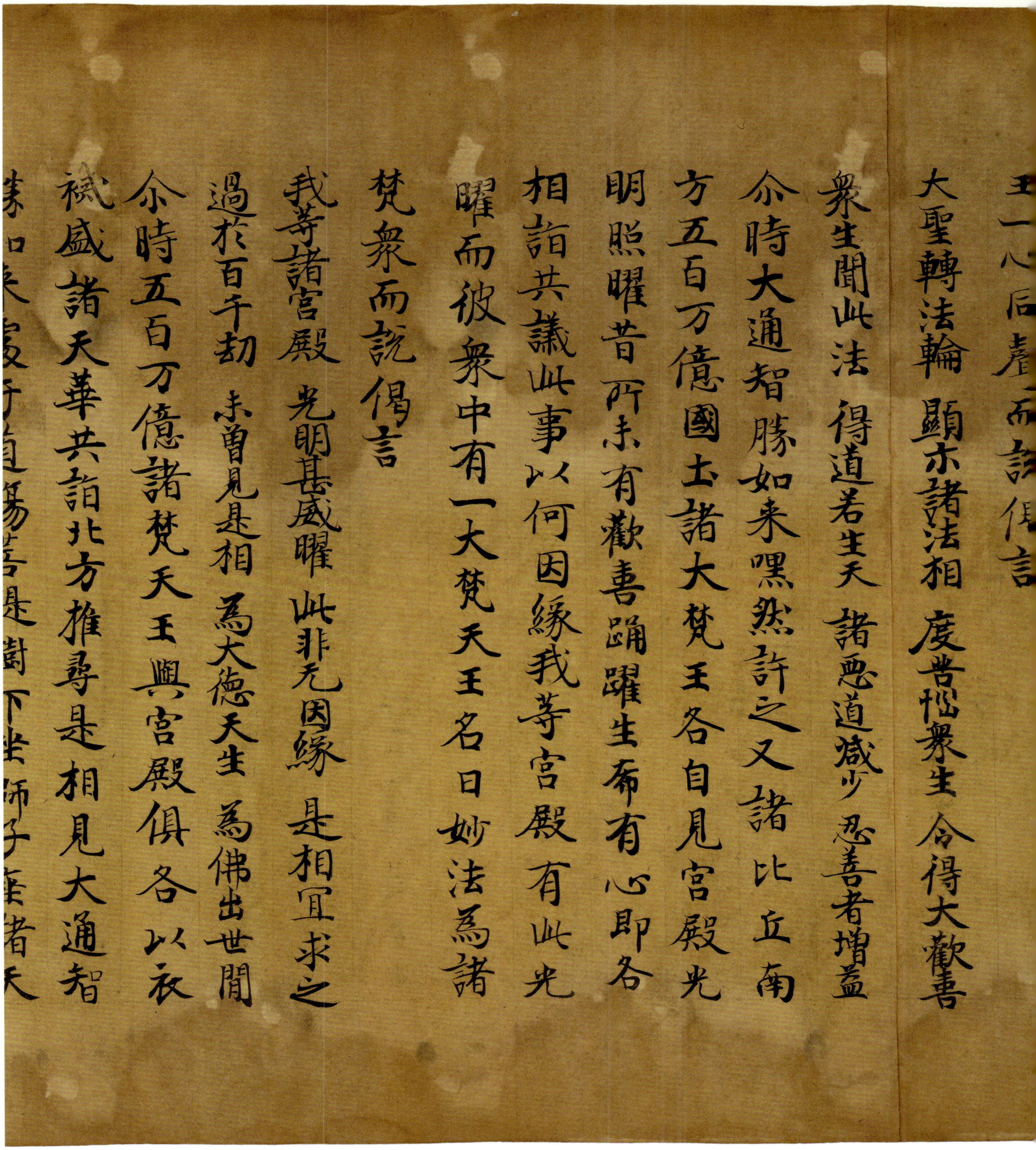

王一心同聲而說偈言

大聖轉法輪　顯示諸法相　度苦惱眾生　令得大歡喜

眾生聞此法　得道若生天　諸惡道減少　忍善者增益

尒時大通智勝如來嘿然許之又諸比丘南

方五百万億國土諸大梵王各自見宮殿光

明照曜昔所未有歡喜踊躍生希有心即各

相詣共議此事以何因緣我等宮殿有此光

曜而彼眾中有一大梵天王名曰妙法為諸

梵眾而說偈言

我等諸宮殿　光明甚威曜　此非无因緣　是相宜求之

過於百千劫　未曾見是相　為大德天生　為佛出世間

尒時五百万億諸梵天王與宮殿俱各以衣

祴盛諸天華共詣北方推尋是相見大通智

勝如來處于道場菩提樹下坐師子座諸天

裓盛諸天華共詣北方推尋是相見大通智
勝如來處于道場菩提樹下坐師子座諸天
龍王乹闥婆緊那羅摩睺羅伽人非人等恭
敬圍繞及見十六王子請佛轉法輪時諸梵
天王頭面礼佛繞百千帀即以天華而散佛
上所散之華如須弥山并以供養佛菩提樹
華供養已各以宮殿奉上彼佛而作是言唯
見哀愍饒益我等所獻宮殿願垂納受尒時
諸梵天王即於佛前一心同聲以偈頌曰
世尊甚難見　破諸煩惱者　過百三十劫　今乃得一見
諸飢渴衆生　以法雨充滿　昔所未曾覩　无量智慧者
如優曇鉢華　今日乃值遇　我等諸宮殿　蒙光故嚴飾
世尊大慈悲　唯願垂納受
尒時諸梵天王偈讚佛已各作是言唯願世

尊轉於法輪令一切世間諸天魔梵沙門婆

羅門皆獲安隱而得度脫時諸梵天王一心

同聲以偈頌曰

唯願天人尊　轉无上法輪　擊于大法鼓　而吹大法螺

普雨大法雨　度无量衆生　我等咸歸請　當演深遠音

尒時大通智勝如来嘿然許之西南方乃至

下方亦復如是尒時上方五百万億國土諸

大梵王皆悉自覩所止宮殿光明威曜昔所

未有歡喜踊躍生希有心即各相詣共議此

事以何因緣我等宮殿有斯光明時彼衆中

有一大梵天王名曰尸棄為諸梵衆而說偈言

今以何因緣　我等諸宮殿　威德光明曜　嚴飾未曾有

如是之妙相　昔所未聞見　為大德天生　為佛出世間

如是之妙相　昔所未聞見　爲大德天生　爲佛出世間
尒時五百万億諸梵天王與宮殿俱各以衣
裓盛諸天華共詣下方推尋是相見大通智
勝如来處于道場菩提樹下坐師子座諸天
龍王乾闥婆緊那羅摩睺羅伽人非人等恭
敬圍繞及見十六王子請佛轉法輪時諸梵
天王頭面礼佛繞百千帀即以天華而散佛
上所散之華如須弥山并以供養佛菩提樹
華供養已各以宮殿奉上彼佛而作是言唯
見哀愍饒益我等所獻宮殿願垂納處時諸
梵天王即於佛前一心同聲以偈頌曰
善哉見諸佛　救世之聖尊　能於三界獄　免出諸衆生
普智天人尊　哀愍羣萠類　能開甘露門　廣度於一切
於昔無量劫　空過無有佛　世尊未出時　十方常闇冥

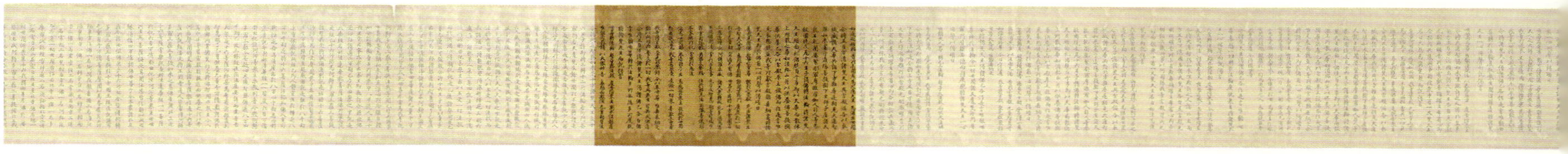

三惡道增長　阿修羅亦盛　諸天衆轉減　死多墮惡道
不從佛聞法　常行不善事　色力及智慧　斯等皆減少
罪業因緣故　失樂及樂想　住於邪見法　不識善儀則
不蒙佛所化　常墮於惡道
佛為世間眼　久遠時乃出　哀愍諸衆生　故現於世間
超出成正覺　我等甚欣慶　及餘一切衆　喜歎未曾有
我等諸宮殿　蒙光故嚴飾　今以奉世尊　唯垂哀納受
願以此功德　普及於一切　我等與衆生　皆共成佛道
尒時五百万億諸梵天王偈讚佛已各白佛
言唯願世尊轉於法輪多所安隱多所度脫
時諸梵天王而說偈言
世尊轉法輪　擊甘露法鼓　度苦惱衆生　開示涅槃道
唯願受我請　以大微妙音　哀愍而敷演　无量劫習法

唯願受我請　以大微妙音　哀愍而敷演　无量劫習法
尒時大通智勝如来受十方諸梵天王及十
六王子請即時三轉十二行法輪若沙門婆
羅門若天魔梵及餘世間所不能轉謂是
苦是苦集是苦滅是苦滅道及廣說十二因
緣法无明緣行行緣識識緣名色名色緣六入
六入緣觸觸緣受受緣愛愛緣取取緣有有
緣生生緣老死憂悲苦惱无明滅則行滅行
滅則識滅識滅則名色滅名色滅則六入滅
六入滅則觸滅觸滅則受滅受滅則愛滅愛
滅則取滅取滅則有滅有滅則生滅生滅則
老死憂悲苦惱滅佛於天人大衆之中說是
法時六百万億那由他人以不受一切法故而
於諸漏心得解脫皆得深妙禪定三明六

通具八解脫苐二苐三苐四說法時千万億
恒河沙那由他眾生亦以不受一切法故
而於諸漏心得解脫從是已後諸聲聞眾无
量无邊不可稱數尒時十六王子皆以童子
出家而為沙弥諸根通利智慧明了已曾供
養百千万億諸佛淨脩梵行求阿耨多羅三
藐三菩提俱白佛言世尊是諸无量千万
億大德聲聞皆已成就世尊亦當為我等說
阿耨多羅三藐三菩提法我等聞已皆共脩學
世尊我等志願如來知見深心所念佛自證
知尒時轉輪聖王所將眾中八万億人見十
六王子出家亦求出家王即聽許尒時彼佛
受沙弥請過二万劫已乃於四眾之中說是

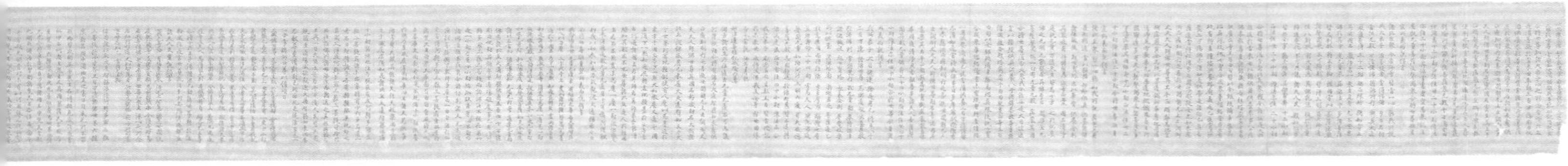

受沙弥請過二万劫已乃於四衆之中說是
大乘經名妙法蓮華教菩薩法佛所護念說
是經已十六沙弥為阿耨多羅三藐三菩提
故皆共受持諷誦通利說是經時十六菩薩
沙弥皆悉信受聲聞衆中亦有信解其餘衆
生千万億種皆生疑惑佛說是經於八千劫
未曾休廢說此經已即入靜室住於禪定八
万四千劫是時十六菩薩沙弥知佛入室寂
然禪定各昇法座亦於八万四千劫為四部
衆廣說分別妙法華經一一皆度六百万億
那由他恒河沙等衆生示教利喜令發阿耨
多羅三藐三菩提心大通智勝佛過八万四
千劫已從三昧起往詣法座安詳而坐普告
大衆是十六菩薩沙弥甚為希有諸根通利

智慧明了已曾供養无量千万億數諸佛於
諸佛所常脩梵行受持佛智開示衆生令入
其中汝等皆當數數親近而供養之所以者
何若聲聞辟支佛及諸菩薩能信是十六菩
薩所說經法受持不毀者是人皆當得阿耨
多羅三藐三菩提如來之慧佛告諸比丘是
十六菩薩常樂說是妙法蓮華經一一菩薩
所化六百万億那由他恒河沙等衆生世世
所生與菩薩俱從其聞法悉皆信解以此因
緣得值四万億諸佛世尊于今不盡諸比丘
我今語汝彼佛弟子十六沙弥今皆得阿耨
多羅三藐三菩提於十方國土現在說法有
无量百千万億菩薩聲聞以為眷屬其二沙

无量百千万億菩薩聲聞以爲眷屬其二沙
弥東方作佛一名阿閦在歡喜國二名須弥
頂東南方二佛一名師子音二名師子相南
方二佛一名虛空住二名常滅西南方二佛
一名常相二名梵相西方二佛一名阿弥陁
二名度一切世間苦惱西北方二佛一名多
摩羅跋旃檀香神通二名須弥相北方二佛
一名雲自在二名雲自在王東北方佛名壞一
切世間怖畏第十六我釋迦牟尼佛於娑
婆國土成阿耨多羅三藐三菩提諸比丘我
等爲沙弥時各各教化无量百千万億恒河
沙等衆生從我聞法爲阿耨多羅三藐三菩
提此諸衆生于今有住聲聞地者我常教化
阿耨多羅三藐三菩提是諸人等應以是法

漸入佛道所以者何如來智慧難信難解尒
時所化无量恒河沙等衆生者汝等諸比丘
及我滅度後未來世中聲聞弟子是也我滅
度後復有弟子不聞是經不知不覺菩薩所
行自於所得功德生滅度想當入涅槃我於
餘國作佛更有異名是人雖生滅度之想入
於涅槃而於彼土求佛智慧得聞是經唯以
佛乘而得滅度更无餘乘除諸如來方便說
法諸比丘若如來自知涅槃時到衆又清淨
信解堅固了達空法深入禪定便集諸菩薩
及聲聞衆爲說是經世間无有二乘而得滅
度唯一佛乘得滅度耳比丘當知如來方便
深入衆生之性知其志樂小法深著五欲爲

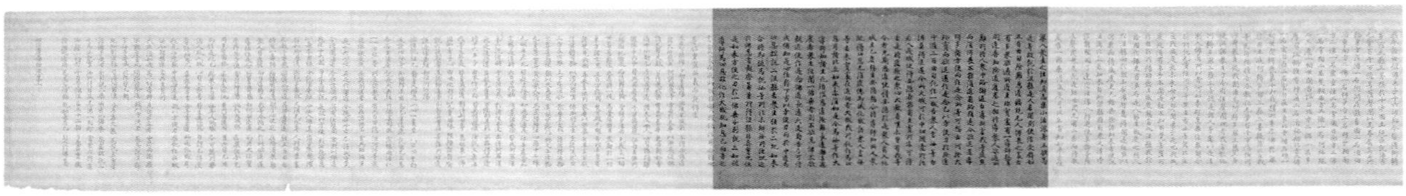

深入衆生之性知其志樂小法深着五欲爲
是等故說於涅槃是人若聞則便信受譬如
五百由旬險難惡道曠絶无人怖畏之處若
有多衆欲過此道至珎寶處有一導師聰慧
明達善知險道通塞之相將導衆人欲過此
難所將人衆中路懈退白導師言我等疲極
而復怖畏不能復進前路猶遠今欲退還導
師多諸方便而作是念此等可愍云何捨大
珎寶而欲退還作是念已以方便力於險道
中過三百由旬化作一城告衆人言汝等勿
怖莫得退還今此大城可於中止隨意所作
若入是城快得安隱若能前至寶所亦可得
去是時疲極之衆心大歡喜嘆未曾有我等
今者免斯惡道快得安隱於是衆人前入化

城生已度想生安隱想尒時導師知此人衆
既得止息无復疲惓即滅化城語衆人言汝
等去来寶處在近向者大城我所化作為止
息耳諸比丘如来亦復如是今為汝等作大
導師知諸生死煩惱惡道險難長遠應去應
度若衆生但聞一佛乘者則不欲見佛不欲
親近便作是念佛道長遠久受勤苦乃可得
成佛知是心怯弱下劣以方便力而於中道為
止息故說二涅槃若衆生住於二地如来
尒時即便為說汝等所作未辦汝所住地近
於佛慧當觀察籌量所得涅槃非真實也但
是如来方便之力於一佛乘分別說三如彼
導師為止息故化作大城既知息已而告之
言寶處在近此城非實我化作耳尒時世

之力於一佛乘分別說三如彼
導師為止息故化作大城既知息已而告之
言寶處在近此城非實我化作耳爾時世
尊欲重宣此義而說偈言

大通智勝佛　十劫坐道場　佛法不現前　不得成佛道
諸天神龍王　阿脩羅眾等　常雨於天華　以供養彼佛
諸天擊天鼓　并作眾伎樂　香風吹萎華　更雨新好者
過十小劫已　乃得成佛道　諸天及世人　心皆懷踊躍
彼佛十六子　皆與其眷屬　千万億圍繞　俱行至佛所
頭面礼佛足　而請轉法輪　聖師子法雨　充我及一切
世尊甚難值　久遠時一現　為覺悟群生　震動於一切
東方諸世界　五百万億國　梵宮殿光曜　昔所未曾有
諸梵見此相　尋來至佛所　散華以供養　并奉上宮殿
請佛轉法輪　以偈而讚歎　佛知時未至　受請黙然坐

三方及四維　上下亦復尒　散華奉宮殿　請佛轉法輪
世尊甚難值　願以大慈悲　廣開甘露門　轉无上法輪
无量慧世尊　受彼衆人請　為宣種種法　四諦十二緣
无明至老死　皆從生緣有　如是衆過患　汝等應當知
宣暢是法時　六百万億姟　得盡諸苦際　皆成阿羅漢
第二說法時　千万恒沙衆　於諸法不受　亦得阿羅漢
從是後得道　其數无有量　万億劫筭數　不能得其邊
時十六王子　出家作沙弥　皆共請彼佛　演說大乘法
我等及營從　皆當成佛道　願得如世尊　慧眼第一淨
佛知童子心　宿世之所行　以无量因緣　種種諸譬喻
說六波羅蜜　及諸神通事　分別真實法　菩薩所行道
說是法華經　如恒河沙偈
彼佛說經已　靜室入禪定　一心一處坐　八万四千劫
是諸沙弥等　知佛禪未出　為无量億衆　說佛无上慧

是諸沙弥等　知佛禪未出　為无量億衆　說佛无上慧
各各坐法座　說是大乘經　於佛宴寂後　宣暢助法化
一一沙弥等　所度諸衆生　有六百万億　恒河沙等衆
彼佛滅度後　是諸聞法者　在在諸佛土　常與師俱生
是十六沙弥　具足行佛道　今現在十方　各得成正覺
尒時聞法者　各在諸佛所　其有住聲聞　漸教以佛道
我在十六數　曾亦為汝說　是故以方便　引汝趣佛慧
以是本因緣　今說法華經　令汝入佛道　慎勿懷驚懼
譬如險惡道　迥絕多毒獸　又復无水草　人所怖畏處
无數千万衆　欲過此險道　其路甚曠遠　經五百由旬
時有一導師　強識有智慧　明了心決定　在險濟衆難
衆人皆疲惓　而白導師言　我等今頓乏　於此欲退還
導師作是念　此輩甚可愍　如何欲退還　而失大珎寶

尋時思方便 當設神通力 化作大城郭 莊嚴諸舍宅
周帀有園林 渠流及浴池 重門高樓閣 男女皆充滿
即作是化已 慰衆言勿懼 汝等入此城 各可隨所樂
諸人既入城 心皆大歡喜 皆生安隱想 自謂已得度
導師知息已 集衆而告言 汝等當前進 此是化城耳
我見汝疲極 中道欲退還 故以方便力 權化作此城
汝今勤精進 當共至寶所
我亦復如是 為一切導師 見諸求道者 中路而懈廢
不能度生死 煩惱諸險道 故以方便力 為息說涅槃
言汝等苦滅 所作皆已辦
既知到涅槃 皆得阿羅漢 尒乃集大衆 為說真實法
諸佛方便力 分別說三乘 唯有一佛乘 息處故說二
今為汝說實 汝所得非滅 為佛一切智 當發大精進
汝證一切智 十力等佛法 具三十二相 乃是真實滅

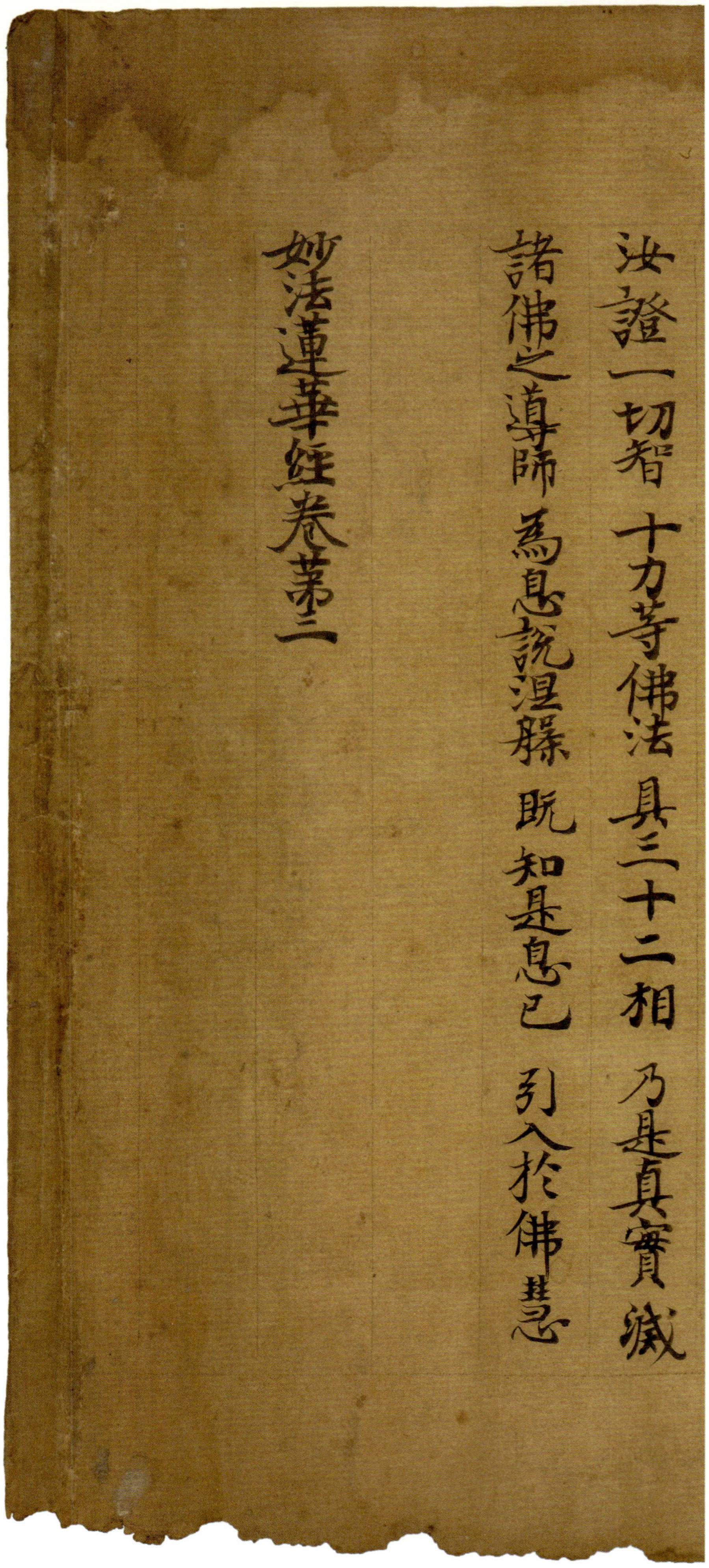

汝證一切智　十力等佛法　具三十二相　乃是真實滅
諸佛之導師　爲息說涅槃　既知是息已　引入於佛慧
妙法蓮華經卷第三

BD00064 妙法蓮華經卷六

（後秦）鳩摩羅什 譯

883.5cm × 25cm

復次常精進若善男子善女人受持是經若
讀若誦若解說若書寫得千二百舌功德若
好若醜若美不美及諸苦澁物在其舌根皆
變成上味如天甘露无不美者若以舌根於大
衆中有所演說出深妙聲能入其心皆令歡
喜快樂又諸天子天女釋梵諸天聞是深妙
音聲有所演說言論次第皆悉來聽及諸龍
龍女夜叉夜叉女乾闥婆乾闥婆女阿脩羅阿
脩羅女迦樓羅迦樓羅女緊那羅緊那羅女
摩睺羅伽摩睺羅伽女為聽法故皆來親近
恭敬供養及比丘比丘尼優婆塞優婆夷國

王王子群臣眷屬小轉輪王大轉輪王七寶千
子內外眷屬乘其宮殿俱來聽法以是菩
薩善說法故婆羅門居士國內人民盡其形
壽隨侍供養又諸聲聞辟支佛菩薩諸佛
常樂見之是人所在方面諸佛皆向其處說
法悉能受持一切佛法又能出於深妙法音爾
時世尊欲重宣此義而說偈言
是人舌根淨　終不受惡味　其有所食噉　悉皆成甘露
以深淨妙音　於大眾說法　以諸因緣喻　引導眾生心
聞者皆歡喜　設諸上供養　諸天龍夜叉　及阿脩羅等
皆以恭敬心　而共來聽法　是說法之人　若欲以妙音
遍滿三千界　隨意即能至　大小轉輪王　及千子眷屬

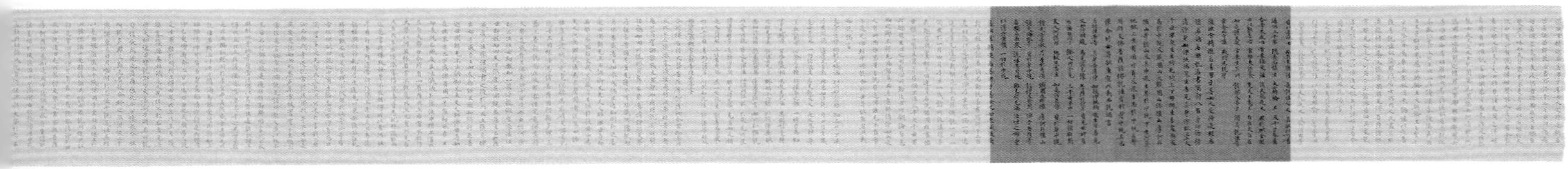

皆以恭敬心 而共來聽法 是說法之人 若欲以妙音
遍滿三千界 隨意即能至 大小轉輪王 及千子眷屬
合掌恭敬心 常來聽受法 諸天龍夜叉 羅剎毗舍闍
亦以歡喜心 常樂來供養 梵天王魔王 自在大自在
如是諸天眾 常來至其所 諸佛及弟子 聞其說法音
常念而守護 或時為現身
復次常精進 若善男子善女人受持是經 若
讀若誦若解說若書寫 得八百身功德 得
清淨身 如淨琉璃 眾生喜見 其身淨故 三千大
千世界眾生 生時死時 上下好醜 生善處惡處
悉於中現 及鐵圍山 大鐵圍山 彌樓山 摩訶彌
樓山等諸山 及其中眾生 悉於中現 下至阿鼻

地獄上至有頂所有及衆生悉於中現若聲
聞辟支佛菩薩諸佛說法皆於身中現其色
像尒時世尊欲重宣此義而說偈言

若持法華者　其身甚清淨　如彼淨琉璃　衆生皆喜見
又如淨明鏡　悉見諸色像　菩薩於淨身　皆見世所有
唯獨自明了　餘人所不見　三千世界中　一切諸群萌
天人阿脩羅　地獄鬼畜生　如是諸色像　皆於身中現
諸天等宮殿　乃至於有頂　鐵圍及彌樓　摩訶彌樓山
諸大海水等　皆於身中現　諸佛及聲聞　佛子菩薩等
若獨若在衆　說法悉皆現　雖未得無漏　法性之妙身
以清淨常體　一切於中現

復次常精進若善男子善女人如來滅後受

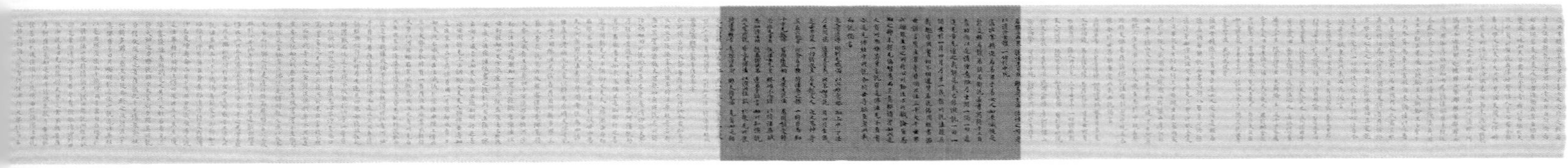

若獨若在衆 說法悉皆現 雖未得无漏 法性之妙身
以清淨常體 一切於中現
復次常精進若善男子善女人如來滅後受
持是經若讀若誦若解說若書寫得千二百
意功德以是清淨意根乃至聞一偈一句通
達无量无邊之義解是義已能演說一句一
偈至於一月四月乃至一歲諸所說法隨其
義趣皆與實相不相違背若說俗閒經書治
世語言資生業等皆順正法三千大千世界
六趣衆生心之所行心所動作心所戲論皆悉
知之雖未得无漏智慧而其意根清淨如此是
人有所思惟籌量言說皆是佛法无不真實

亦是先佛經中所說尒時世尊欲重宣此義

而說偈言

是人意清淨　明利无穢濁　以此妙意根　知上中下法

乃至聞一偈　通達无量義　次第如法說　月四月至歲

是世界內外　一切諸衆生　若天龍及人　夜叉鬼神等

其在六趣中　所念若干種　持法華之報　一時皆悉知

十方无數佛　百福莊嚴相　為衆生說法　悉聞能受持

思惟无量義　說法亦无量　終始不忘錯　以持法華故

悉知諸法相　隨義識次第　達名字語言　如所知演說

此人有所說　皆是先佛法　以演此法故　於衆无所畏

持法華經者　意根淨若斯　雖未得无漏　先有如是相

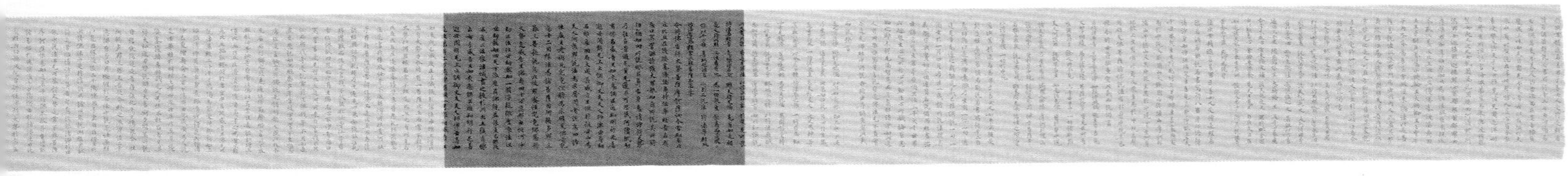

此人有所說　皆是先佛法　以演此法故　於衆无所畏
持法華經者　意根淨若斯　雖未得无漏　先有如是相
是人持此經　安住希有地　爲一切衆生　歡喜而愛敬
能以千万種　善巧之語言　分別而說法　持法華經故

妙法蓮華經常不輕菩薩品第二十

尒時佛告得大勢菩薩摩訶薩　汝今當知若比
丘比丘尼優婆塞優婆夷持法華經者若有
惡口罵詈誹謗獲大罪報如前所說其所得
功德如向所說眼耳鼻舌身意清淨得大勢
乃往古昔過无量无邊不可思議阿僧祇劫
有佛名威音王如來應供正遍知明行足善
逝世間解无上士調御丈夫天人師佛世尊劫

名離衰國名大成其威音王佛於彼世中為
天人阿脩羅說法為求聲聞者說應四諦
法度生老病死究竟涅槃為求辟支佛者說
應十二因緣法為諸菩薩因阿耨多羅三
藐三菩提說應六波羅蜜法究竟佛慧得
大勢是威音王佛壽四十万億那由恒河沙
劫正法住世劫數如一閻浮提微塵像法住
世劫數如四天下微塵其佛饒益衆生已然後
滅度正法像法滅盡之後於此國土復有佛
出亦号威音王如來應供正遍知明行是善
逝世間解无上士調御丈夫天人師佛世尊如
是次第有二万億佛皆同一号最初威音王

出亦号威音王如來應供正遍知明行足善
逝世間解无上士調御丈夫天人師佛世尊如
是次第有二万億佛皆同一号㝡初威音王
如來既已滅度正法滅後於像法中增上慢比
丘有大勢力尒時有一菩薩比丘名常不輕得
大勢以何因緣名常不輕是比丘凡有所見若
比丘比丘尼優婆塞優婆夷皆悉礼拜讃歎而
作是言我深敬汝等不敢輕慢所以者何汝
等皆行菩薩道當得作佛而是比丘不専讀
誦經典但行礼拜乃至遠見四衆亦復故往礼
拜讃歎而作是言我不敢輕於汝等汝等皆
當作佛故四衆之中有生瞋恚心不淨者惡口

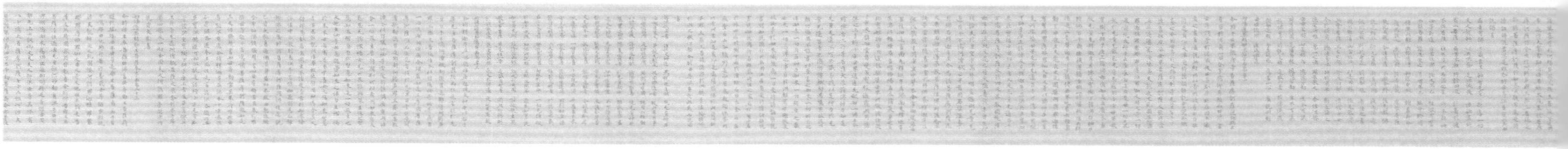

罵詈言是無智比丘從何所來自言我不輕
汝而與我等受記當得作佛我等不用如是
虛妄受記如此經歷多年常被罵詈不生瞋恚
常作是言汝當作佛說是語時衆人或以杖木
瓦石而打擲之避走遠住猶高聲唱言我不敢
輕於汝等汝等皆當作佛以其常作是語故增上
慢比丘比丘尼優婆塞優婆夷號之為常不輕
是比丘臨欲終時於虛空中具聞威音王佛先所
說法華經二十千万億偈悉能受持即得如上
眼根清淨耳鼻舌身意根清淨得是六根清
淨已更增壽命二百万億那由他歲廣為人說
是法華經於時增上慢四衆比丘比丘尼優婆

眼根清淨耳鼻舌身意根清淨得是六根清
淨已更增壽命二百万億那由他歲廣為人說
是法華經於時增上慢四衆比丘比丘尼優
婆塞優婆夷輕賤是人為作不輕名者見其
得大神通力樂說辯力大善寂力聞其所說
皆信伏隨從是菩薩復化千万億衆令住
阿耨多羅三藐三菩提命終之後得值二千
億佛皆号日月燈明於其法中說是法華經
以是因緣復值二千億佛同号雲自在燈王於
此諸佛法中受持讀誦為諸四衆說此經典故
得是常眼清淨耳鼻舌身意諸根清淨於四
衆中說法心无所畏得大勢是常不輕菩薩

摩訶薩供養如是若干諸佛恭敬尊重讚歎
諸善根於後復值千万億佛亦於諸佛法中說
是經典功德成就當得作佛得大勢於意云
何尒時常不輕菩薩豈異人乎則我身是若
我於宿世不受持讀誦此經為他人說者不能
疾得阿耨多羅三藐三菩提我於先佛所受
持讀誦此經為人說故疾得阿耨多羅三藐
三菩提得大勢彼時四衆比丘比丘尼優婆塞
優婆夷以瞋恚意輕賤我故二百億劫常不值
佛不聞法不見僧千劫於阿鼻地獄受大苦惱
畢是罪已復遇常不輕菩薩教化阿耨多羅
三藐三菩提得大勢於汝意云何尒時四衆常

畢是罪已，復遇常不輕菩薩教化阿耨多羅
三藐三菩提。得大勢，於汝意云何？尒時四衆常
輕菩薩者，豈異人乎？今此會中跋陀婆羅等
五百菩薩、師子月等五百比丘尼、思佛等五百
優婆塞，皆於阿耨多羅三藐三菩提不退轉
者是。得大勢，當知是法華經大饒益諸菩薩
摩訶薩，能令至於阿耨多羅三藐三菩提。是
故諸菩薩摩訶薩於如來滅後，常應受持
讀誦解說書寫是經。尒時世尊欲重宣此義而
說偈言：

過去有佛　号威音王　神智无量　將導一切
天人龍神　所共供養　是佛滅後　法欲盡時

有一菩薩　名常不輕　時諸四衆　計著於法
不輕菩薩　往到其所　而語之言　我不輕汝
汝等行道　皆當作佛　諸人聞已　輕毀罵詈
不輕菩薩　能忍受之　其罪畢已　臨命終時
得聞此經　六根清淨　神通力故　增益壽命
復爲諸人　廣說是經　諸著法衆　皆蒙菩薩
教化成就　令住佛道　不輕命終　值无數佛
說是經故　得无量福　漸具功德　疾成佛道
彼時不輕　則我身是　時四部衆　著法之者
聞不輕言　汝當作佛　以是因緣　值无數佛
此會菩薩　五百之衆　并及四部　清信士女
今於我前　聽法者是　我於前世　勸是諸人

此會菩薩　五百之衆　并及四部　清信士女
今於我前　聽法者是　我於前世　勸是諸人
聽受斯經　第一之法　開示教人　令住涅槃
世世受持　如是經典　億億万劫　至不可議
時乃得聞　是法華經　億億万劫　至不可議
諸佛世尊　時說是經　是故行者　於佛滅後
聞如是經　勿生疑惑　應當一心　廣說此經
世世值佛　疾成佛道

妙法蓮華經如來神力品第二十一

尒時千世界微塵等菩薩摩訶薩從地踊出
者皆於佛前一心合掌瞻仰尊顔而白佛言

世尊我等於佛滅後世尊分身所在國土滅
度之處當廣說此經所以者何我等亦自欲
得是真淨大法受持讀誦解說書寫而供
養之爾時世尊於文殊師利等无量百千万
億舊住娑婆世界菩薩摩訶薩及諸比丘比
丘尼優婆塞優婆夷天龍夜叉乾闥婆阿脩
羅迦樓羅緊那羅摩睺羅伽人非人等一切
衆前現大神力出廣長舌上至梵世一切毛孔
放於无量无數色光皆悉遍照十方世界衆
寶樹下師子座上諸佛亦復如是出廣長舌
放无量光釋迦牟尼佛及寶樹下諸佛現神力
時滿百千歲然後還攝舌相一時謦欬俱共彈

放无量光釋迦牟尼佛及寶樹下諸佛現神力
時滿百千歲然後還攝舌相一時謦欬俱共彈
指是二音聲遍至十方諸佛世界地皆六種震
動其中衆生天龍夜叉乾闥婆阿脩羅迦樓
羅緊那羅摩睺羅伽人非人等以佛神力故皆
見此娑婆世界无量无邊百千万億衆寶樹
下師子座上諸佛及見釋迦牟尼佛共多寶如
来在寶塔中坐師子座又見无量无邊百千
万億菩薩摩訶薩及諸四衆恭敬圍繞釋
迦牟尼佛既見是已皆大歡喜得未曾有即
時諸天於虛空中高聲唱言過此无量无
邊百千万億阿僧祇世界有國名娑婆是中

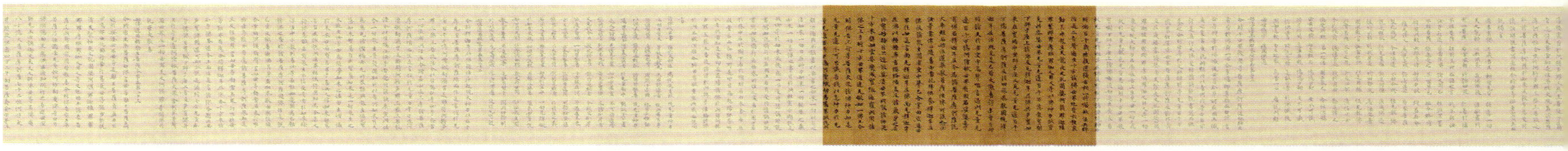

有佛名釋迦牟尼今爲諸菩薩摩訶薩說
大乘經名妙法蓮華教菩薩法佛所護念汝
汝等當深心隨喜亦當礼拜供養釋迦牟尼
佛彼諸衆生聞虛空中聲已合掌向娑婆世
界作如是言南无釋迦牟尼佛南无釋迦牟
尼佛以種種華香瓔珞幡蓋及諸嚴身之具
珎寶妙物皆共遥散娑婆世界所散諸物從
十方來譬如雲集變成寶帳遍覆此間諸
佛之上于時十方世界通達无礙如一佛土尒
時佛告上行等菩薩大衆諸佛神力如是
无量无邊不可思議若我以是神力於无
量无邊百千万億阿僧祇劫爲囑累故說此

无量无邊不可思議若我以是神力於无
量无邊百千万億阿僧祇劫爲囑累故說此
經功德猶不能盡以要言之如來一切所有之
法如來一切自在神力如來一切秘要之藏
如來一切甚深之事皆於此經宣示顯說是
故汝等於如來滅後應一心受持讀誦解說
書寫如說脩行所在國土若有受持讀誦解說
書寫如說脩行若經卷所住之處若於園中若
於林中若於樹下若於僧坊若白衣舍若在
殿堂若山谷曠野是中皆應起塔供養所
以者何當知是處即是道場諸佛於此得阿耨
多羅三藐三菩提諸佛於此轉于法輪諸佛

於此而般涅槃爾時世尊欲重宣此義而說偈
言
諸佛救世者　住於大神通　為悅眾生故　現无量神力
舌相至梵天　身放无數光　為求佛道者　現此希有事
諸佛謦欬聲　及彈指之聲　周聞十方國　地皆六種動
以佛滅度後　能持是經故　諸佛皆歡喜　現无量神力
囑累是經故　讚美受持者　於无量劫中　猶故不能盡
是人之功德　无邊无有窮　如十方虛空　不可得邊際
能持是經者　則為已見我　亦見多寶佛　及諸分身者
又見我今日　教化諸菩薩　能持是經者　令我及分身
滅度多寶佛　一切皆歡喜　十方現在佛　并過去未來
亦見亦供養　亦令得歡喜　諸佛坐道場　所得秘要法

亦見亦供養　亦令得歡喜　諸佛坐道場　所得秘要法
能持是經者　不久亦當得　能持是經者　於諸法之義
名字及言辭　樂說无窮盡　如風於空中　一切无障礙
於如來滅後　知佛所說經　因緣及次第　隨義如實說
如日月光明　能除諸幽冥　斯人行世間　能滅衆生闇
教无量菩薩　畢竟住一乘　是故有智者　聞此功德利
於我滅度後　應受持斯經　是人於佛道　決定无有疑

妙法蓮華經囑累品第二十二

尒時釋迦牟尼佛從法座起現大神力以右手
摩无量菩薩摩訶薩頂而作是言我於无
量百千万億阿僧祇劫脩習是難得阿耨多

耨三藐三菩提法今以付囑汝等汝等應當
一心流布此法廣令增益如是三摩諸菩薩
摩訶薩頂而作是言我於无量百千万億阿
僧祇劫脩習是難得阿耨多羅三藐三菩提
法今以付囑汝汝等當受持讀誦廣宣此法
令一切衆生普得聞知所以者何如來有大
慈悲无諸慳悋亦无所畏能與衆生佛之智
慧如來智慧自然智慧如來是一切衆生之
大施主汝等亦應隨學如來之法勿生慳悋
於未來世若有善男子善女人信如來智慧
者當爲演說此法華經使得聞知爲令其人
得佛慧故若有衆生不信受者當於如來餘

者當爲演說此法華經使得聞知爲令其人
得佛慧故若有衆生不信受者當於如來餘
深法中示教利喜汝等若能如是則爲已報
諸佛之恩時諸菩薩摩訶薩聞佛作是說
已皆大歡喜遍滿其身益加恭敬曲躬低頭
合掌向佛俱發聲言如世尊勅當具奉行唯
然世尊願不有慮諸菩薩摩訶薩衆如是
三反俱發聲言如世尊勅當具奉行唯然世
尊願不有慮尒時釋迦牟尼佛令十方來諸
分身佛各還本土而作是言諸佛各隨所安
多寶佛塔還可如故說是語時十方无量分
身諸佛坐寶樹下師子座上者及多寶佛并

上行等无邊阿僧祇菩薩大衆舍利弗等聲
聞四衆及一切世間天人阿脩羅等聞佛所
說皆大歡喜
妙法蓮華經藥王菩薩本事品第二十三
尒時宿王華菩薩白佛言世尊藥王菩薩云何
遊於娑婆世界世尊是藥王菩薩有若千百
万億那由他難行苦行善哉世尊願少解說
諸天龍神夜叉乾闥婆阿脩羅迦樓羅緊
那羅摩睺羅伽人非人等又他國土諸來菩
薩及此聲聞衆聞皆歡喜尒時佛告宿王華
菩薩乃往過去无量恒河沙劫有佛号日月
淨明德如來應供正遍知明行足善逝世間

BD00064　妙法蓮華經卷六

薩及此聲聞眾聞皆歡喜介時佛告宿王華
菩薩乃往過去无量恒河沙劫有佛号日月
淨明德如来應供正遍知明行足善逝世間
解无上士調御丈夫天人師佛世尊其佛有
八十億大菩薩摩訶薩七十二恒河沙大
聲聞衆佛壽四万二千劫菩薩壽命亦等彼
國无有女人地獄餓鬼畜生阿脩羅等及以
諸難地平如掌琉璃所成寶樹莊嚴寶帳
覆上垂寶華幡寶瓶香爐周遍國界七寶
為臺一樹一臺其樹去臺盡一箭道此諸
寶樹皆有菩薩聲聞而坐其下諸寶臺上
各有百億諸天作天伎樂歌歎於佛以為供

養爾時彼佛為一切衆生喜見菩薩及衆菩
薩樂習苦行於日月淨明德佛法中精進經
行一心求佛滿万二千歲已得現一切色身三
昧得此三昧已心大歡喜即作念言我得現一切
色身三昧皆是得聞法華經力我今當供養日
月淨明德佛及法華經即時入是三昧於虛
空中雨曼陀羅華摩訶曼陀羅華細末堅黑
栴檀滿虛空中如雲而下又雨海此岸栴檀之
香此香六銖價直娑婆世界以供養佛作是
供養已從三昧起而自念言我雖以神力
供養於佛不如以身供養即服諸香栴檀薰

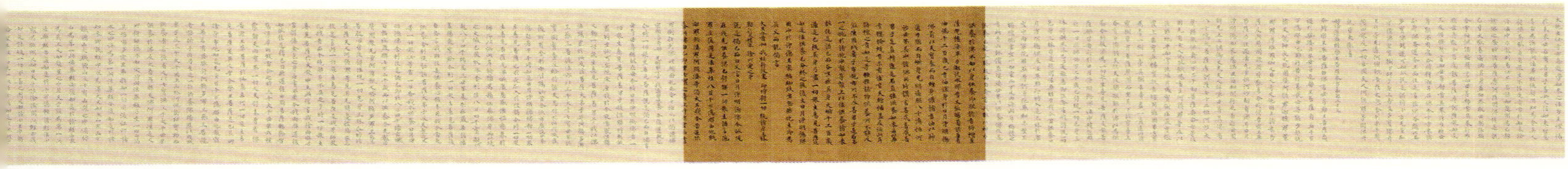

供養已從三昧起而自念言我雖以神力
供養於佛不如以身供養即服諸香栴檀薰
陸兜樓婆畢力迦沈水膠香又飲瞻蔔諸華香
油滿千二百歲已香油塗身於日月淨明德
佛前以天寶衣而自纏身灌諸香油以神
通力願而自然身光明遍照八十億恒河
沙世界其中諸佛同時讚言善哉善哉善
男子是真精進是名真法供養如來若以華
香瓔珞燒香末香塗香天繒幡蓋及海此岸
栴檀之香如是等種種諸物供養所不能及
假使國城妻子布施亦所不能及善男子是名第
一之施於諸施中最尊最上以法供養諸如來

故作是語已而各嘿然其身火燃千二百歲
過是已後其身乃盡一切眾生憙見菩薩作
如是法供養已命終之後復生日月淨明德佛
國中於淨德王家結跏趺坐忽然化生即為
其父而說偈言
大王今當知　我經行彼處　即時得一切　現諸身三昧
勤行大精進　捨所愛之身
說是偈已而白父言日月淨明德佛今故現
在我先供養佛已得解一切眾生語言陀
羅尼復聞是法華經八百千万億那由他甄
迦羅頻婆羅阿閦婆等偈大王我今當還供
養此佛白已即坐七寶之臺上昇虛空高七多

羅尼復聞是法華經八百千万億那由他甄
迦羅頻婆羅阿閦婆等偈大王我今當還供
養此佛白已即坐七寶之臺上昇虛空高七多
羅樹往到佛所頭面礼足合十指爪以偈讚佛
容顏甚奇妙　光明照十方　我適曾供養　今復還親近
尒時一切衆生喜見菩薩說是偈已而白佛言
世尊世尊猶故在世尒時日月淨明德佛告一
切衆生喜見菩薩善男子我涅槃時到滅
盡時至汝可安施床座我於今夜當般涅槃
又勅一切衆生喜見菩薩善男子我以佛
法囑累於汝及諸菩薩大弟子并阿耨多羅
三藐三菩提法亦以三千大千七寶世界諸

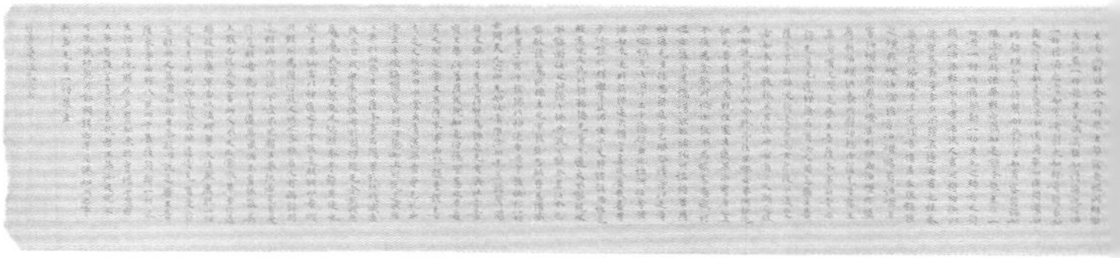

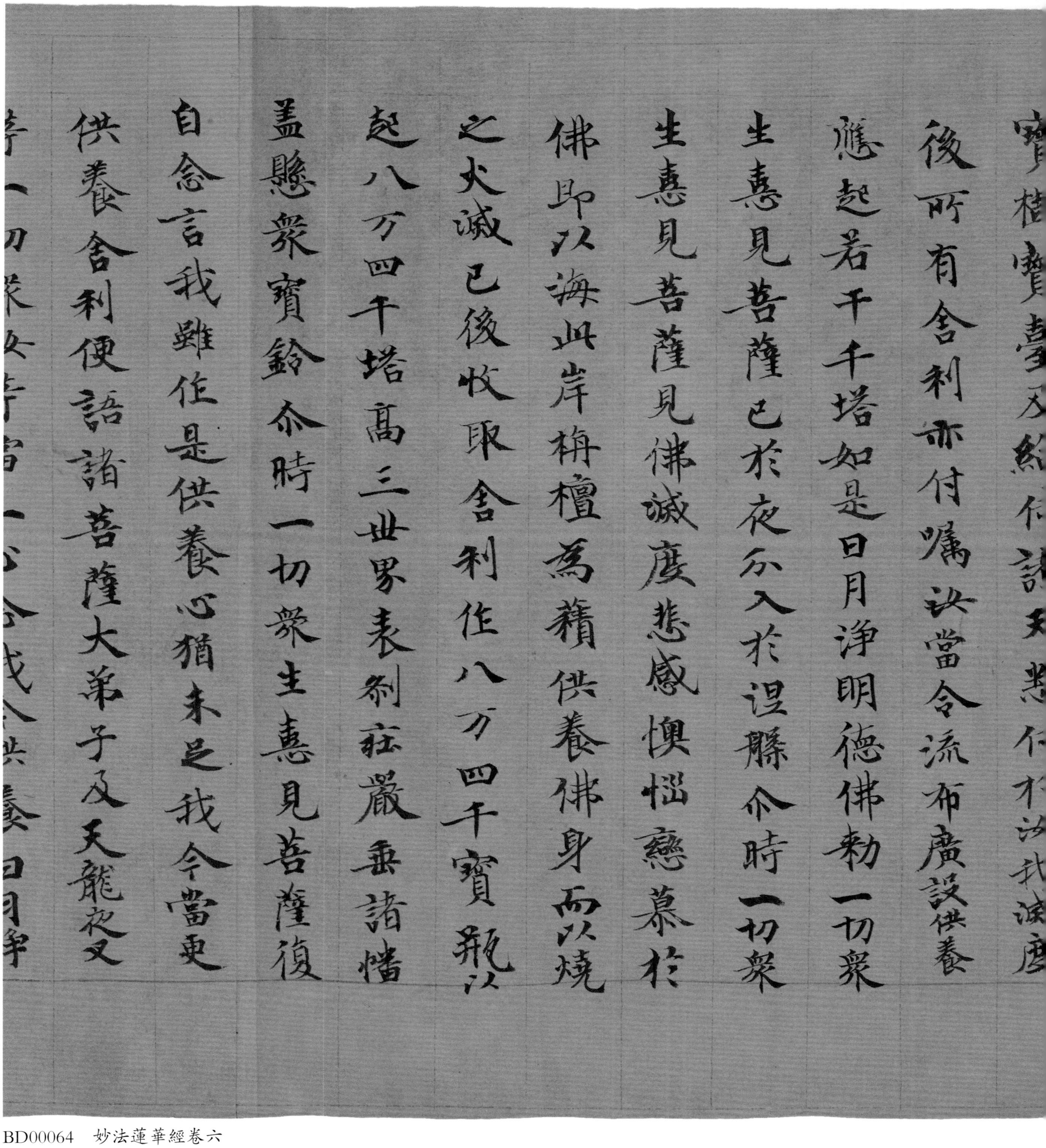

寶樹寶臺及給侍諸天悉付於汝我滅度
後所有舍利亦付囑汝當令流布廣設供養
應起若干千塔如是日月淨明德佛勑一切衆
生憙見菩薩已於夜分入於涅槃尒時一切衆
生憙見菩薩見佛滅度悲感懊惱戀慕於
佛即以海此岸栴檀爲積供養佛身而以燒
之火滅已後收取舍利作八万四千寶瓶以
起八万四千塔高三世界表刹莊嚴垂諸幡
蓋懸衆寶鈴尒時一切衆生憙見菩薩復
自念言我雖作是供養心猶未足我今當更
供養舍利便語諸菩薩大弟子及天龍夜叉
等一切衆汝等當一心念我今供養日月淨

BD00064　妙法蓮華經卷六

自念言我雖作是供養心猶未足我今當更
供養舍利便語諸菩薩大弟子及天龍夜叉
等一切衆汝等當一心念我今供養日月淨
明德佛舍利作是語已即於八万四千塔前然
百福莊嚴臂七万二千歲而以供養令无數求
聲聞衆无量阿僧祇人發阿耨多羅三藐三
菩提心皆使得住現一切色身三昧尒時諸
菩薩天人阿脩羅等見其无臂憂惱悲哀而
作是言此一切衆生憙見菩薩是我等師教
化我者而今燒臂身不具足于時一切衆生
憙見菩薩於大衆中立此誓言我捨兩臂必
當得佛金色之身若實不虛令我兩臂還復

如故作是誓已自然還復由斯菩薩福德智
慧淳厚所致當尒之時三千大千世界六種
震動天雨寶華一切人天得未曾有佛
告宿王華菩薩於汝意云何一切衆生喜
見菩薩豈異人乎今藥王菩薩是也其所
捨身布施如是无量百千万億那由他數宿
王華若有發欲得阿耨多羅三藐三菩提
者能然手指乃至足一指供養佛塔勝以國城
妻子及三千大千國土山林河池諸珎寶物而
供養者若復有人以七寶滿三千大千世界
供養於佛及大菩薩辟支佛阿羅漢是人
所得功德不如受持此法華經乃至一四句偈

BD00064　妙法蓮華經卷六

供養者若復有人以七寶滿三千大千世界
供養於佛及大菩薩辟支佛阿羅漢是人
所得功德不如受持此法華經乃至一四句偈
其福㝡多宿王華譬如一切川流江河諸
水之中海為第一此法華經亦復如是於諸
如來所說經中㝡為深大又如土山黑山小
鐵圍山大鐵圍山及十寶山衆山之中須弥
山為第一此法華經亦復如是於諸經中㝡
為其上又如衆星之中月天子㝡為第一此
法華經亦復如是於千万億種諸經法中
㝡為照明又如日天子能除諸闇此經亦復
如是能破一切不善之闇又如諸小王中轉

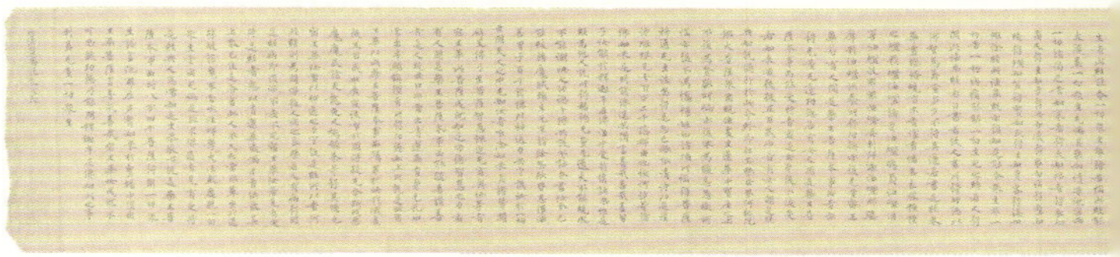

輪聖王㝡為第一此經亦復如是於衆經中

㝡為其尊又如帝釋於三十三天中王此經

亦復如是諸經中王又如大梵天王一切衆生

之父此經亦復如一切賢聖學无學及發菩

薩心者之父又如一切凡夫人中須陁洹斯陁

含阿那含阿羅漢辟支佛為第一此經亦復

如是一切如來所說若菩薩所說若聲聞所

說諸經法中㝡為第一有能受持是經典者

亦復如是於一切衆生中亦為第一一切聲聞

辟支佛中菩薩為第一此經亦復如是於一

切諸經法中㝡為第一如佛為諸法王此經

亦復如是諸經中王宿王華此經能救一切衆

BD00064　妙法蓮華經卷六

辟支佛中菩薩為第一此經亦復如是於一
切諸經法中最為第一如佛為諸法王此經
亦復如是諸經中王宿王華此經能救一切衆
生者此經能令一切衆生離諸苦惱此經能
大饒益一切衆生充滿其願如清涼池能滿
一切諸渴乏者如寒者得火如裸者得衣如
商人得主如子得母如渡得船如病得醫如
暗得燈如貧得寶如民得王如賈客得海如
炬除暗此法華經亦復如是能令衆生離一
切苦一切病痛能解一切生死之縛若人得
聞此法華經若自書若使人書所得功德以
佛智慧籌量多少不得其邊若書是經卷

華香瓔珞燒香末香塗香幡蓋衣服種種
之燈穌燈油燈諸香油燈瞻蔔油燈須
曼油燈波羅羅油燈婆利師迦油燈那婆
摩利油燈供養所得功德亦復无量宿王
華若有人聞是藥王菩薩本事品者亦
得无量无邊功德若有女人聞是藥王菩
薩本事品能受持者盡是女身後不復受
若如來滅後後五百歲中若有女人聞是經
典如說脩行於此命終即往安樂世界阿弥陀
佛大菩薩眾圍繞住處生蓮華中寶座之上
不復為貪欲所惱亦復不為瞋恚愚癡所
惱亦復不為憍慢嫉妬諸垢所惱得菩薩

BD00064　妙法蓮華經卷六

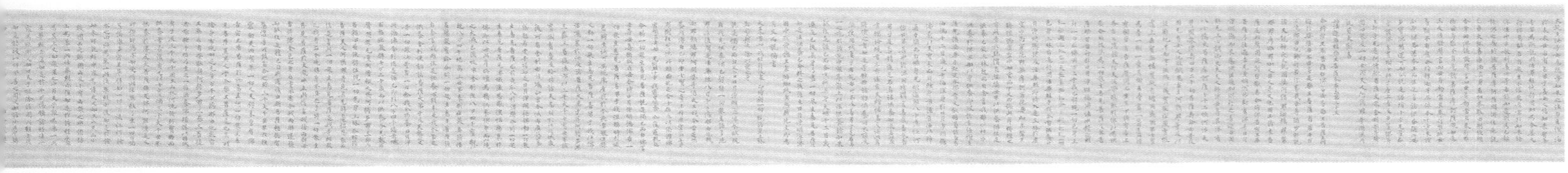

佛大菩薩衆圍繞住處生蓮華中寶座之上
不復為貪欲所惱亦復不為瞋恚愚癡所
惱亦復不為憍慢嫉妬諸垢所惱得菩薩
神通无生法忍得是忍已眼根清淨以是清
淨眼根見七百万二千億那由他恒河沙等諸
佛如来是時諸佛遥共讚言善哉善哉善男
子汝能於釋迦牟尼佛法中受持讀誦思惟是
經為他人說所得福德无量无邊火不能燒水
不能漂汝之功德千佛共說不能令盡汝今已
能破諸魔賊壞生死軍諸餘怨敵皆悉摧滅
善男子百千諸佛以神通力共守護汝於一切
世間天人之中无如汝者唯除如来其諸聲聞

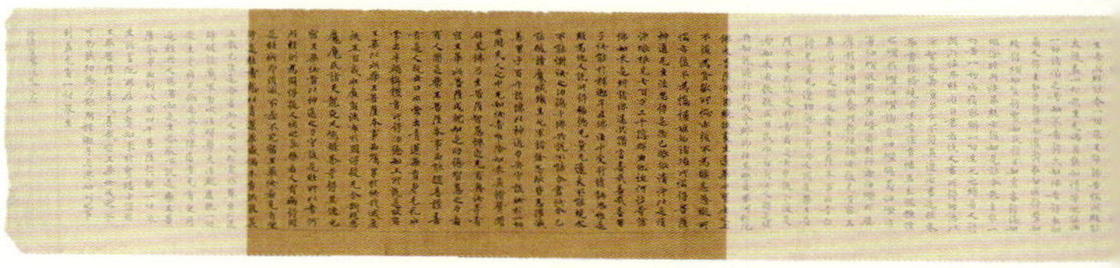

辟支佛乃至菩薩智慧禪定无有與汝等者
宿王華此菩薩成就如是功德智慧之力若
有人聞是藥王菩薩本事品能隨喜讚善
者是人現世口中常出青蓮華香身毛孔中
常出牛頭栴檀香所得功德如上所說是故宿
王華以此藥王菩薩本事品囑累於汝我滅度
後五百歲中廣宣流布於閻浮提无令斷絕惡
魔魔民諸天龍夜叉鳩槃荼等得其便也
宿王華汝當以神通之力守護是經所以者何
此經則為閻浮提人病之良藥若人有病得聞
是經病即消滅不老不死宿王華汝若見有受
持是經者應以青蓮華盛滿末香供散其

是經病即消滅不老不死宿王華汝若見有受
持是經者應以青蓮華盛滿末香供散其
上散已作是念言此人不久必當取草坐於道
場破諸魔軍當吹法螺擊大法鼓度脫一切
衆生老病死海是故求佛道者見有受持
是經典人應當如是生恭敬心說是藥王菩
薩本事品時八万四千菩薩得解一切衆
生語言陁羅尼多寶如来於寶塔中讚宿
王華菩薩言善哉善哉宿王華汝成就不
可思議功德乃能問釋迦牟尼佛如此之事
利益无量一切衆生

BD00064　妙法蓮華經卷六

BD00065 正法華經（七卷本）卷四

（西晉）竺法護 譯

230.1cm×25.5cm

五百聲聞知本際等而歎頌曰
我等聞斯乃知失前已得受決 是上佛道
稽首世尊 無量明目 唯愍講斯 所演光曜
猶如愚冥 不能分別 所以一一 而獲滅度
今日欣然 安住所化 志願廣普 諸通慧事
如有一子 行來求索 即時由入 于茲堂室
於彼親見 多財富者 於時富士 廣設飲食
其人一寐 而不飲食 明月珠寶 而繫在髻
因此卧寐 從寐而起 坐茲藏室 而歡喜悅
彼愚騃子 而越利誼 尋時起去 遠行入城
求眺飲食 甚不能獲 行索供饍 裁自係活
從人得食 謂獲無為 明珠約髻 而自念言
今此珎寶 為在不乎 續在佩身 求不知處
父復覩之 故[illegible]長者 所可施與 使人之事

[illegible]

其人適見　第一安隱　蒙寶之恩　獲致於斯

有無極財　藏滿豐盈　有以五欲　而自娛樂

如是世尊　説譬如茲　吾等前世　俱發志願

非是如來　之所興為　於往古時　長夜精進

世尊我等　下劣心弊　不能覺了　如來教化

心無志願　不肯進前　而以泥洹　歡喜自慶

如佛聖教　所覺開度　如是計之　無得滅度

人中之上　愍發慧誼　乃為滅度　第一無為

此髻明珠　離垢上跡　今日我等　所聞無限

因從化導　普顯恬懌　各各遠得　別授殊決

正法華經授阿難羅云決品第九

於是賢者阿難自念言我寧可蒙受決例乎

心念此已發願願密即從坐起稽首佛足賢

者羅云復前自投世尊足下俱共白言唯為

心念此已發願願密即從坐起稽首佛足賢
者羅云復前自投世尊足下俱共白言唯為
我等演甘露味大聖是久廓不明徹無歸得歸
無救得救無護得護於諸天人阿須倫與立
嚴莊若干種變阿難羅云則是佛子亦為侍
者持聖法藏唯願世尊與令我等所願具足
授無上正真道又餘聲聞令二千人與塵勞
俱皆從坐起偏袒右肩一心叉手瞻戴尊顏
我等還見佛告阿難汝於來世當得作佛号
海持覺娛樂神通如來至真等正覺明行成
為善逝世間解無上士道法御天人師為佛
衆祐先當供養六十二億佛恭順奉侍執持
正法將護經典然後究竟成最正覺於是開
化廿百千江河沙等天人使發無上正真道
意佛國土清淨無瑕[illegible]

[illegible]
皆柔軟如天綩綖劫名柔和雷震時佛壽命
不可計數億百千垓無可爲喻難得崖底諸
弟子衆順道教者不可計會億百千垓無能
限量阿難成佛爲大聖時所以曰海持覺娛
樂神通其土人民多神變周施如來滅度後
法住過倍像法存立復轉加倍十方無量江
河沙等億百千佛悉當歎頌彼佛功德於時
世尊而歎頌曰
今佛班宣　諸比丘衆　仁者阿難　總持吾法
於當來世　成爲最勝　供養諸佛　六十二億
名曰海持　覺樂神通　於此博聞　彼成大道
其土清淨　顯現微妙　自然特立　無數幢幡
諸菩薩衆　如江河沙　皆是如來　之所建發
悉如最勝　無極神足　具德名聞　充滿十方

悉如最勝無極神足具德名聞充滿十方
欲計壽命無量難限教化世間多所愍傷
假使其佛滅度之後正法當住過倍其數
像法存立轉復加倍最勝宣發教化若玆
又此衆生如江河沙興難廣心立以佛道
尒時新發意八萬菩薩各自念言佐未曾聞
古來未有吾等焉用菩薩誼爲諸聲聞類頑
騖之疇乃復授決當獲大道何因若玆世尊
即知其心所念便告之曰諸族姓子及比丘
聽佛法平等族姓適發無上正真道意前於
超空如來至真等正覺所而面現在慱聽衆經
常脩精進來至吾所欲逮殷勤由是緣故
速得無上正真道成最正覺仁賢阿難爲佛
世尊奉持法藏脩菩薩行出家之緣意履雅

佛眼已無量空無之計量行成佛於國土說
聞本行願歡喜悅豫尋即憶念無央數億百
千之垓諸正覺典又觀本行所履之跡前後
劫數即歎頌曰
我本聞有　無量諸佛　悉念為余　說經典時
諸有滅度　最勝大聖　今皆憶識　如所聞說
諸見佛道　心不懷疑　如是比者　善權方便
而為安住　立侍者地　以大道故　奉持正法
於是世尊告賢者羅云羅云思之汝當來世
當得作佛號度七寶蓮華如來至真正覺
明行成為善逝世間解無上士道法御天人
師為佛衆祐則當供事如十世界塵數如來
常為諸佛現作尊子亦復如今為吾息也其
度七寶蓮華如來國土壽命教化衆生所有
莊嚴亦如海持覺娛樂神通世界清淨羅云

度七寶蓮華如來國土壽命教化衆生所有
莊嚴亦如海持覺娛樂神通世界清淨羅云
當爲其佛尊子過是以後當得無上正真道
成最正覺佛時頌曰
羅云是我　尊上長者　幼少精僮　柔和姝妙
斯佛之子　當得大道　常以法施　多所悅喜
無數億佛　所見哀念　欲得等計　無能限量
普爲最勝　諸佛之子　當成大道　衆比丘像
又此羅云　所行溫雅　興立殊願　奉吾正誡
咨嗟宣揚　世雄導師　言我今是　如來之子
諸德無量　億垓之數　設有思念　莫能限量
其羅云者　佛之長子　令所通利　住佛道故
尒時阿難羅云俱白佛言今我見二千聲聞
學弟子誠心懷欣然瞻戴尊顏道法正典不

阿難斯黨同行等學不學令志大乘當供養
五百世界塵數如來執持正典然於後世一
時同集布於十方各各異土逮成無上正真
道為最正覺号寶英如來至真等正覺明行
成為善逝世間解無上士道法御天人師為
佛衆祐其壽一切覺慧平等諸聲聞同多少
無差諸菩薩衆亦復如此滅度之後正法住
立數亦無異佛時頌曰

此諸聲聞　二千明黨　今悉住立　於世尊前
斯等聖知　佛皆授決　將來之世　便得成佛
而顯示現　無量譬喻　覩見諸佛　悉當供養
其名行異　遊處十方　悉當忍辱　須臾不變
常復獨處　坐叢樹下　當得佛道　成就慧誼
皆當成覺　号同一等　名曰寶英　流聞世界

常復獨處坐叢樹下當得佛道成就慧誼
皆當成覺号同一等名曰寶英流聞世界
其佛國土平等殊特諸聲聞衆等亦如是
神足光明皆遍世間周流一切十方國土
分別經法有所依倚正法存立等無有異
於是諸賢聲聞聞佛授決歡欣踊躍不能自
勝以頌讚曰
聞佛授我決莫見飽滿如甘露見灌已獲無上安

正法華經藥王如來品第十

佛告諸比丘道法一等無有二乘謂無上正
真道往古來今無有兩正猶如衆流四瀆歸
海合爲一味如日所照靡不周遍未嘗猶減
若族姓子欲至正覺解無三塗去來今者當
學受持正法華經分別空慧無六度想不以

[illegible]
劫難稱限介時有佛号藥王如來至真等正
覺明行成爲善逝世間解無上士道法御天
人師爲佛衆祐世界名大清劫曰淨除藥王
如來壽廿中劫諸聲聞衆三十六億菩薩大
士有十二億時轉輪王名曰寶蓋典主四域
王有千子端正勇猛有七寶聖臣降伏怨敵
其王供養藥王如來具五中劫與眷屬俱一
切施安奉敬藥王過五劫已告其千子吾以
供侍如來若等亦當順遵前緒於時千子聞
父王教復以五劫供養藥王如來進以上妙
不違所安彼第一太子名曰善蓋閑居獨處
靜然思念我等今者供養如來寧有殊特

BD00066 佛藏經（四卷本）卷二

（後秦）鳩摩羅什 譯

BD00066v 佛藏經卷二外題

776.3cm × 25cm

佛藏經淨戒品第五　二
佛告舍利弗破戒比丘有十憂惱箭難可
堪忍比丘成就十憂惱箭則於佛法不得滋味
憎說法者不樂親近何等為十舍利弗破
比丘見僧和合不生憙心何以故和合大
必驅我出是惡比丘自知有過常懷憂惱
持戒者瞋恨不憙舍利弗是名破戒比丘一
憂惱箭必墮惡道復次舍利弗破戒比丘四
所憎惡不欲親近如惡牛利角人所捨遠是
惡比丘自知有過常懷疑憂惱舍利弗是名
破戒比丘二憂惱箭必墮惡道復次舍利弗
破戒比丘逢見比丘眾自知不同惡心捨離
懷愧恥故不能入眾舍利弗是名破戒比
三憂惱箭必墮惡道復次舍利弗破戒比

懷愧恥故不能入衆舍利弗是名破戒比
三憂惱箭必墮惡道復次舍利弗破戒比
毒惡心盛不可化喻猶尚無有外道戒
於淨戒以其破戒因緣人不親近舍利弗是
名破戒比丘四憂惱箭必墮惡道復次舍利
弗破戒比丘以他財物自養其身我說此人
為重擔者所以者何行者得者應受供養破
戒比丘非是行者非是得者是故舍利弗破
戒比丘當於百千億万劫數割截身肉以償
施主若生畜生身常負重所以者何如析一
髮為千億分破戒比丘尚不能消一分供養
況能消他衣服飲食卧具醫藥舍利弗破
戒比丘著聖法服猶尚不應入寺一步何況得
受一飲之水乃至米甕可以汲之舍利弗口是惡

舍利弗是敗壞之人即是惡家如来悉聽一
切世間皆至我所破戒之人如来手遮非我
弟子何况一日住我法中舍利弗譬如死人
死虵死狗最爲臭穢清淨諸天欲遊戲時不
應得見若見則遠如是舍利弗破戒比丘如彼
三屍臭穢不淨智者遠離不與同事布
薩自恣舍利弗破戒比丘於我法中爲是不吉
持戒比丘見此破戒即時遠離何以故若破戒
比丘手所觸物及所受物於持戒者則爲毒
惡舍利弗正使三屍臭穢滿地我能於中行
四威儀不能與此破戒比丘須臾共住何以故
舍利弗是爲沙門中卑陋下賤爲沙門中
朽壞蔽惡爲沙門中粃糠爲沙門中垢爲沙

舍利弗是為沙門中畀陋下賤為沙門中
朽壞蔽惡為沙門中粃糠為沙門中垢為沙
門中濁為沙門中汙為沙門中曲為沙門中
無為沙門中失聖道者如是人等於我法
中出家求道而得重罪舍利弗如是之人於
我法中為是逆賊為是法賊為是欺誑詐
偽之人但求活命貪重衣食是則名為世樂
奴僕舍利弗辟如黃門非男非女破戒比丘亦
復如是不名在家不名出家命終之後直入
地獄舍利弗辟如蝙蝠欲捕鳥時則入穴為
鼠欲捕鼠時則飛空為鳥而實無有大鳥
之用其身臭穢但樂闇冥舍利弗破戒比丘亦
復如是既不入於布薩自恣亦復不入王者使
役不名白衣不名出家如燒燋殘木不復

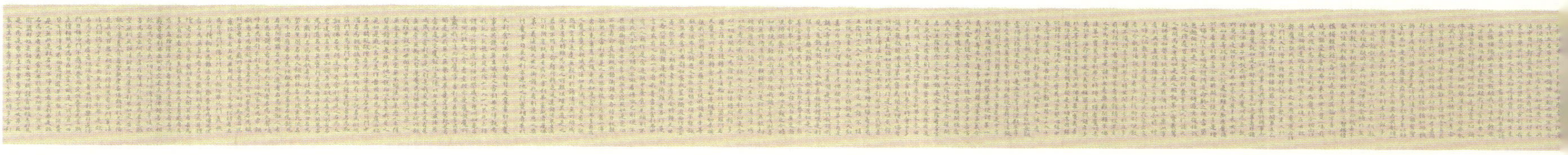

中所以是比丘無有戒品定品慧品解脫品解
脫知見品但有具足破淨戒品不能出大微
妙音聲戒聲定聲慧聲解脫聲解脫知見
聲但出毀戒蔽惡音聲與諸同惡俱出惡聲
但論衣服飲食林卧受取布施樹木花果為
貴人使及論國土吉凶安危戲笑衆事諸不
善語常於日夜比丘如是身業不淨口業不
淨意業不淨當墮地獄舍利弗是破戒比丘
樂於闇冥如彼蝙蝠闇說正經以為憂惱所以
者何如實說故世間之人不憙實說但樂
順意如是比丘於說法者心不清淨重更為
罪增益地獄舍利弗是名破戒比丘五憂惱
箭必墮地獄復次舍利弗破戒比丘無有羞恥
諸根散亂成就不淨身口意業不淨威儀所

諸根散亂成就不淨身口意業不淨威儀所
著衣服皆不如法好憙妄語不能護口心常
馳騁染於垢穢舍利弗如新凡器盛以屎尿
臭爛膿血後去不淨著栴檀香復去栴檀如
是凡器有何等氣世尊是新凡器先盛屎尿
臭氣堅著唯有臭氣無栴檀香舍利弗人以
清淨信等諸根出家學道遇惡知識而隨其
教舍利弗何等為惡知識惡知識者常好調
戲輕躁無善言語散亂不攝諸根心不專一
癡如白羊親近如是惡知識者失須陁洹果
斯陁含果阿那含果阿羅漢果乃至失於生
天之樂況涅槃道但能脩集破法罪業與破
法者而共從事是人成就不淨身業不淨口
業不淨意業不淨等式身死之後入於惡趣

云何惡趣惡趣名為地獄畜生餓鬼阿修羅
道復有惡道如阿由勒巫婆伽羅目佉巫浮
弥脩遮迦巫脩暗目迦巫是人多生此諸巫
中舍利弗是人隨惡知識若生人中父母生
離死亡喪失親理衰惱國土破壞生八難中
捨八樂處多欲怒癡常好戲調輕躁無蓋言
語散亂不能攝心癡如白羊為貪欲瞋恚愚
癡所壞聾瘂盲瞎手脚攣躄其惡知識生無
佛處若值佛世自不憙見不憙聞法不與佛
衆而共和合起是惡業惡人共生樂下劣法
於正見中生邪見想於邪見中生正見想是
名下欲下忍下慧舍利弗下慧之人終不能
為猒離滅道涅槃生心舍利弗遇惡知識而
得如是諸衰惱患有是相貌是人聞是諸深

得如是諸童惱患有是相貌是人聞是諸深
經法驚疑怖畏如墮深坑則墮大羅深坑塹
中何以故舍利弗如經中說破戒比丘有大重
罪何因緣故名為破戒破所受戒難可教
語行無常准多所違逆常行貪著多雜糅
行貪瞋癡行樂諸雜語名為破戒復有樂多事
務樂多諷誦樂多睡眠所言不順無有次第
說不清淨貪著我人壽者命者是故名為弊
惡比丘不知節量不知沙門法不知婆羅門
法樂行鑒術販賣求利樂為國使汙染諸家
樂與白衣給使作務以諸樹葉花果奉上好
為白衣說外道法心常憍離出世間法未滿
二十受具足戒受戒事中有諸不具形體缺
不應〻[illegible]受戒[illegible]根不具[illegible]

自違所合不自知身不知他人不能分別貴
賤差品好憙妄語貪著戒取行事散亂心不
專一面有瞋相慳貪不信不識恩義多懷貪
欲睡眠戲調疑悔瞋恨覆藏罪惡好自專執
嫉妬諂曲無有慚愧自大放逸憍慢我慢大
慢邪慢好行欺誑讚美其身多作方便開利
養門陵賤白衣僞現親厚因勢得財以誇眾
人毀破戒品定慧解品解脫知見品於佛法
眾心不定信不信業報貴於現利謂無後世
多諸疑悔志性淺弱常好驚怖舍利弗是名
弊惡比丘如是癡人於我法中便是屎尿臭穢
不淨是人成就身口意惡命不清淨故命終
之後墮在惡道入大地獄如是比丘諸佛如來
及弟子眾常所遠離餘好道皆求戒定

之後墮在惡道入大地獄如是比丘諸佛如来
及弟子衆常所遠離餘好道者求滅度
者亦皆不近舍利弗辟如旃檀置不淨器同
於不淨不復任用如是舍利弗若在家出家
親近是人習効所行亦破戒品不久同惡顔色
毀悴破失威儀命終之後生地獄中舍利
弗如是惡人諸佛如来及弟子衆并餘求道
好滅度者皆所遠離舍利弗辟如旃檀置不
淨器不復任用如是舍利弗若在家出家雖
以塗身猶雜不淨舍利弗此惡比丘亦復如
是雖坐衆中著聖法服然是比丘惡相猶現
梵行比丘見此不淨遠而不近見他遠離心
則瞋恨以是因緣死入地獄舍利弗是名破
戒比丘[illegible]地獄

行次舍利弗破戒比丘聞佛所説如是等經
心不清淨歡喜信樂自知有過便疑此經為
我等説不為餘人何以故如我等比在此事
故舍利弗如是上妙無比之法破戒比丘乃生
瞋恨於説法者必多不信得聞如是佛所
説經違逆不受而非是言此非佛説教語餘
人何以故破戒比丘不樂脩道脩道比丘不
逆佛語此皆破戒愚癡惡法謂心不信違逆
佛語如是比丘自知有過但生瞋恨憍慢佷
戾惡耶慢心謗佛法僧舍利弗隨此比丘聞
是諸經違逆不信心不通達無上菩提教語
諸人非佛所説舍利弗佛説是人則為謗法
以謗法故為非沙門非釋種子應當滅擯是
等比丘若百千万億諸佛三輪示現不能令

等比丘若百千万億諸佛三輪亦現不能令
悟使得道果何以故舍利弗如是惡人於此
法中自作鄣道無復生分無有信心但好衣
食貪樂世利我說此人必墮地獄舍利弗我
今明了告汝若人違逆如是法寶於好生處
永無有分但生惡處常盲無目舍利弗是諸
比丘憍慢熾盛不能定說破我正法其餘衆
人不能自活為利養故隨破我法舍利弗如
是法寶尒時壞滅何以故如是法寶一切諸
佛皆共恭敬諸辟支佛阿羅漢等亦皆恭敬
破戒比丘增上慢者不定說法諸比丘等尒
時皆共輕慢我法而共違離多懷慳貪專求
生業貴於財利嫉妬所縛常好諍訟手生怨

車身反傷行說惡業退沙門法遠離賢聖
舍利弗如是惡人覆藏瑕疵多欲多求以財
自活惡魔知心為作方便令其乖異各共散壞一
味僧寶分為五部既有五部則生諍訟互
相是非論說過失舍利弗如今比丘互相教
化互相恭敬同心共行隨順佛說爾時比丘
不相教化不相恭敬見作惡者畏而捨去不
能以法共相教誨或時雖有多聞深智猶懷
憍慢輕賤餘人各以所是自立其論不喜相
見況能受教舍利弗如來在世三寶一味我
滅度後分為五部舍利弗惡魔於今猶尚隱
身佐助調達破我法僧如來大智現在世故
弊魔不能成其大惡當來之世惡魔變身作
沙門形入於僧中種種邪說令多衆生入於

槃魔不能成其大惡當來之世惡魔變身作
沙門形入於僧中種種邪說令多衆生入於
邪見爲說邪法謂弥樓陁羅迦婆鬪事五分
事念念滅事一切有事有我事有所得事尒
時惡魔說如是等耶貪著事如是事者非諸
佛及佛弟子所說尒時惡人爲魔所迷各執
所見我是彼非舍利弗如来豫見未来世中
有如是等破法事故說是深經悉斷惡魔諸
所執著舍利弗當尒之時閻浮提内多是增
上慢人作小善順便謂得道命終之後當墮
惡趣何以故是人長夜自謂得道亦復稱說
他人得道冒受聖人所供養事是人於諸天
人世間爲大惡賊如是癡人聞說第一實義驚

者則共集破壞諸佛無上菩提尒時增
上慢人偏執者多惡魔有復迷或在家出家
者心令執非法說正法者少於援助則便散
壞不復得立舍利弗尒時世間年少比丘多
有利根所以者何諸出家者有餘煩惱還生
人中即復出家是諸比丘憙樂難問推求佛
法第一實義舍利弗尒時增上慢者魔所迷
或但求活命實是凡夫自稱羅漢謂諸年少
比丘等言善身口意此是佛法第一實義善
護淨戒讀誦經法懃脩多聞是名順忍因緣
所謂淨心信佛又有第一實義汝當整心緣中
專念涅槃滅三種苦則能猒離五陰十二入十
八界汝等當於靜處觀此陰界入法悉
皆無常自觀其身種種不淨汝等若能如是觀

八界汝等當於靜處觀此陰界入法悉
皆無常自觀其身種種不淨汝等若能如是觀
當得須陁洹果又能於是五陰等法深觀無常
苦空無我無有堅牢則得斯陁含轉復深觀
得阿那含得阿羅漢是為第一實義是中年
少比丘復問於佛法中阿羅漢果便謂第一
義邪我等亦知是事得阿羅漢是第一義今
此五陰為憶念者生為不憶念者不生荅言
五陰者憶念者生不憶念者不生復問憶念
與五陰為異不荅言如五陰憶念亦尒復問
若如五陰憶念亦尒者誰是念五陰者荅言
若無念五陰者則無涅槃實有念五陰者是
故有脩八直聖道入涅槃者舍利弗未來世
中多有比丘我說此是舍利弗尒時會中多

言大衆若聞佛法第一實義聞是地上比丘者
所說心生疑悔如墮深坑感作是言咄哉釋
迦牟尼佛法令將速滅舍利弗中有成就善
根比丘謂是比丘癡人空者增上慢者若有
五陰相十二入十八界相者不受此語不憘
不悅從坐而起去舍利弗尒時諸天心大歡
喜四方唱言釋迦牟尼佛猶有好弟子在是
諸人等善根不少不喜聞是不淨所說謂我
見人見諸天聞此皆大歡喜稱楊讚嘆是利
根者喜樂問難必皆成就無生法忍如是人
等合集一處共為徒侶人衆既少勢力亦弱
舍利弗尒時我諸真子於父種族尚無受語
況得供養住上塔寺舍利弗汝且觀之尒時
如來便為輕微我滅度後我諸子等成就善

如来便為輕微我滅度後我諸子等成就善
病無所得忍時亦輕賤我以是故於無數劫
摧諸惡敵化諸一切天王人王令心清淨所
以尒者令我諸子得安父位舍利弗如来今
以一切世間天人為證如来如法得阿耨多
羅三藐三菩提轉無上法輪沙門婆羅門若
天魔梵所不能轉舍利弗如是現事如来滅
後我此阿耨多羅三藐三菩提我諸弟子等
欲廣流布是諸惡人不能證明亦復不能施
與無畏舍利弗辟如蜜䖝置四衢道而作是言
若人能食一毛頭者常不老死尒時諸天世
人各以刀杖衛護是䖝時衛護者各作是
言若或有人食一毛者我等當煞舍利弗中
□一一屬作是念是□□□□一毛頭則不

老死舍利弗若怖死不噉若得噉已則便不
畏諸衛護者亦可常得無老病死如是空心
不惜壽命直詣魔所諸衛護者各持刀杖競
欲煞之舍利弗是人若能刀杖未及食一渧
者則免衰患無復老死如是舍利弗多有惡
人魔及魔民欲滅我法如來滅後若有人能
隨順空法通達無疑則於諸法心無所得成
就上忍尒時雖為惡人所輕俎壞其道是人
若能不惜身命懃行精進通達諸法無生無
作則得度脫生老病死舍利弗蜜戒者是佛
第一義法諸天世人衛護戒者則是惡人樂
行魔事自失大利亦遮他人行實相者失於
大利舍利弗增上慢者皆是魔黨助成魔

大利舍利弗增上慢者皆是魔黨助成魔
事咸共譏呵無生滅法又舍利弗不淨說者
我見人見衆生見五陰十二入十八界見未得
謂得心計得道計得涅槃咸亦譏呵知是正
法何以故是人貪著空故亦是魔衆魔所
迷惑以我正法而作魔事舍利弗若在家出家
聞是無我無人無衆生畢竟空法驚疑畏者
當知是人受魔教化是像比丘為是盜法惡
威儀者舍利弗是人則是我見衆生見有見
無見常見斷見皆是魔民非佛弟子何以故
我經中說一切世間皆空無我無我所無人
無衆生無常無定無不壞法知是惡人亦復
皆共讀誦是經為也　先而心貪著我見人

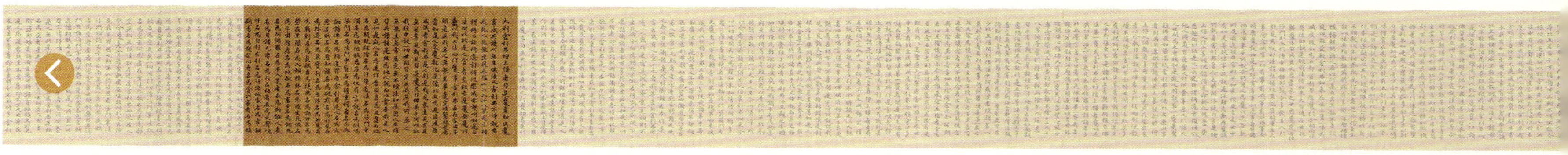

是如大癡人名為[illegible]
名為鬬亂破僧名為汙染道法名為沙門中
濁名為醜陋穢惡名為但有言説名為假偽
沙門名為沙門中貧名為檐重檐者名為欺
誑諸佛名為得逆罪者舍利弗是人名為大
惡逆賊名為惡知識名為破戒名為邪見名
為外道名為無實行名為惡伴名為煞鬼名
為癩創名為臰穢名為燒熱名為諂曲名為
墮在黑闇名為入稠榛林名為隨生死流名
為手出惡者名為地獄名為畜生名為餓鬼
名為阿脩羅名為不入道者名為欺誑人者
名為自讃己者名為行占相者名為大聲嘆
呼名為自利求利名為汙染他家名為常調
戲者名為散亂心者名為貪所害者名為瞋

呼名為自利求利名為汙染他家名為常誦
𢧐者名為散亂心者名為貪所害者名為瞋
所害者名為癡所害者名為好面欺者名為
衰惱處者名為無解脫者名為憂惱縛者名
為非沙門形像沙門沙門旃陁羅沙門皃穢
沙門糟粕名為難滿名為難養名為壞威儀
者名為無羞恥者名為截斷頭者名為身體
壞者名為袈裟繫頭名為自入闇冥者名為
多貪欲者名為多瞋恚者名為多愚癡者名
為五蓋纏覆名為沒者名為虛者空者名為
癡者舍利弗云何名空退失諸佛讚善人相
故名為空退失一切沙門功德沙門事法故
名為空云何為虛在聖法外故名為虛遠離

能令虛意貪著堅執虛妄法故同於凡夫具
足具有罪惡人相不似得法忍者沙門事法
沙門功德百千万分尚無其一舍利弗是故
名為空者虛者但深貪著世間利樂非是沙
門自稱沙門不應供養而受供養名為常賊
立幢相賊名為自在煞害人賊是人所食一口
皆不清淨唯有向道得道果者能消供養
是人無此是故名為不淨食者舍利弗是故
名為空者虛者舍利弗於意云何若人煞生
偷盜邪婬妄語兩舌惡口綺語貪嫉瞋恚邪見
是人為是常煞生不常奪命不不也世尊在
家煞生不常奪命煞生時少不煞時多舍利
弗於意云何若人偷盜偷盜時多不盜時多
世尊不盜時多舍利弗於意云何若人邪婬

世尊不盜時多舍利弗於意云何若人邪婬
邪婬時多不邪婬時多世尊不邪婬時多妄
語惡口兩舌綺語貪嫉瞋恚時多不瞋恚時
多世尊不瞋恚時多舍利弗是十不善道
中何者罪重世尊十不善中邪見罪重何以
故世尊邪見者垢常著心不清淨舍利弗
我今語汝若人一日煞百千万億衆生一日偷
盜百千万檀金銀寶物邪婬者晝夜不息
妄語者常欺誑人口業不淨無一語實兩舌
者常破和合亦助破者惡口者口常惡逆乃
至不說柔耎一語綺語者無有根本人聞此
事以餘無量語言忏亂貪嫉者於他物中生

心不易者集行非道舍利弗於意云何若人
成就如是不善法者罪為多不甚多世尊舍
利弗我今語汝若人百歲成就如是十不善
罪破戒比丘一日一夜受他供養罪多於彼
何以故是煞生者多人所知多人所識人所惡
賤人皆知是煞奪命者罪人穢濁是污染
者不善無德人所離者又舍利弗煞生之人
多奪他命或生猒心自知不是當得罪報人
皆知惡無戒穢濁於此人所不望功德乃至
㭊毛百分之一況謂福田而供養之又舍利
弗是煞生之人其家妻子人皆知惡不共恭
敬尚不令坐何況供養煞生之人以財自活
養育妻子或時供養沙門婆羅門以此業報
得遇賢聖比丘比丘尼為說道法教離煞生

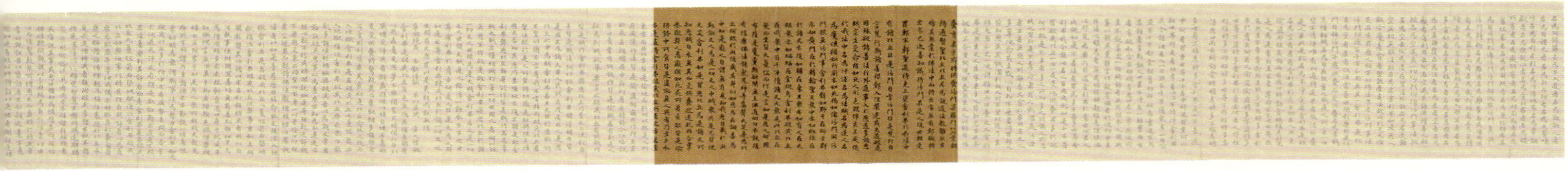

養育妻子或時供養沙門婆羅門以此業報
得遇賢聖比丘比丘尼為說道法教離煞生
捨其煞業於佛法中而得出家無有鄣礙得
出家已近善知識得沙門果是人現世輕受
罪報不鄣聖道得免三塗舍利弗於我法中
有諸比丘非是沙門自言沙門非是梵行自
言梵行斷諸善根鄣入涅槃迷或失道破道
因緣破諸善法行外道事入於惡道多諸惡
賊空生受命猶如死人形色毀悴失正威儀
於我法中名為汙染名為法賊名為逆人名
為魔使猶如行廁亦如死猶如像沙門同沙
門服無沙門事舍利弗辟如野干在師子群
亦如黄門在於轉論聖王衆中亦如弥猴在

林諸天子[illegible]如驢在象[illegible]猶如盲人在天
眼衆亦如蝙蝠在金翅鳥舍利弗破戒比丘
在我衆中百千万億諸天大衆見此比丘在
衆而坐皆大憂惱而作是言如是惡人何用
布薩是魔黨類欲聞無上佛道向白衣說復
有信樂佛法諸龍鬼神等高聲大笑是惡比
丘何故於此隱藏其身似如惡馬在調善馬
中如是癡人自謂無有見知我惡自藏於此
欺誑天人為是一切天人中賊衆共見已皆便
大笑舍利弗如是罪惡比丘為是諸天所
知惡賊白衣無異而受供養迎送礼拜合掌
恭敬弊人愚癡猶如死屍所著衣服皆是偷
得鉢中所食皆是盜取無人與者乃至少水
亦是盜得舍利弗破戒比丘所至之方若至

亦是盜得舍利弗破戒比丘所至之方若至
東方南西北方皆是偷地而行何以故是人所
有威儀行法皆是偷盜假竊所作行立坐
卧來去視瞻屈申府仰着衣持鉢令但略説
身口意業有所施作皆是偷賊若有剃是人
鬚爲剃賊鬚舉要言之破戒比丘有所施作
皆是賊作舍利弗弊悪比丘乃至大小便利澡
手皆是賊法何以故舍利弗閻浮提内皆
是國王及諸大臣人民所有及屬非人是悪
比丘於中爲賊舍利弗若王大臣於悪賊所
不望功德不言等我不言勝我破戒比丘着
聖法服於是人所望得功德是故聽使上住

利弗欺比丘重罪所作皆是賊作名為常
賊大賊立幢相賊打害一切世間人者何以故
無惡不作故是故舍利弗是惡比丘於諸
一切天人世間為是大賊舍利弗若人是一切
天人世間大賊是人能消一飲水不不也世
尊舍利弗於意云何是人非是大惡人耶
如是世尊舍利弗破戒比丘於諸一切天人
世間有大惡罪以是義故我說此偈
寧噉燒石　吞飲洋銅　不以無戒　食人信施
舍利弗是破戒比丘無色無德無復志願身
心熱毒憙見惡夢不樂獨處或時獨行身到
戰懼見淨戒者僻藏避迴心怯自愧不憙欲
見受供養時驚疑畏心常馳騁多諸想念
深貪財利愛樂美食如是比丘命終之後必

見受供養時驚疑畏心常馳騁多諸想念
深貪財利愛樂美食如是比丘命終之後必
入地獄舍利弗是名破戒比丘七憂惱箭必
入地獄復次舍利弗破戒比丘樂在衆内散
亂多語性好嫉妬與破戒者以為親友常樂
論說破戒惡事以為憙樂不知為恥違逆深
經心疑不信或時聞說如是等經疑逆諍競
不樂聽受東西顧望心不專一以手掩口仰視
虚空從坐而起謗佛法教懷瞋恨心罵說
法者以如是等愚惡因緣命終之後深入地
獄舍利弗是名破戒比丘八憂惱箭必墮地
獄復次舍利弗破戒比丘但樂尊重和上阿
闍梨讚其功德以求名利稱持戒者因以自
活執言更相道宜善可無有慚恥猶如黑驢

[illegible]
知慚愧言無次第手腳無躁顏色毀悴樂視
婦女不附男子如是惡人衆所輕賤天龍鬼
神所不稱讚乃至諸佛亦不歎說心性急促
常好瞋恚衆僧斷事俠為勢力舍利弗如是
破戒比丘多於僧中求有威勢未問而荅常
求他過見淨戒者謂是欺誑懃求道者不問
其法憙樂別異諍者助憙舍利弗是名破戒
比丘九憂惱箭必墮地獄復次舍利弗破戒
比丘好樂他事任持其理有鬪諍者以為憙
樂衣服嚴身學他威儀求好卧具利養安身
樂人稱讚護惜檀越及恪住處恐好比丘來
見我過憎持戒者親附破戒常讚布施不讚
持戒忍辱精進禪定智慧不讚寂滅遠離獨

BD00066　佛藏經（四卷本）卷二

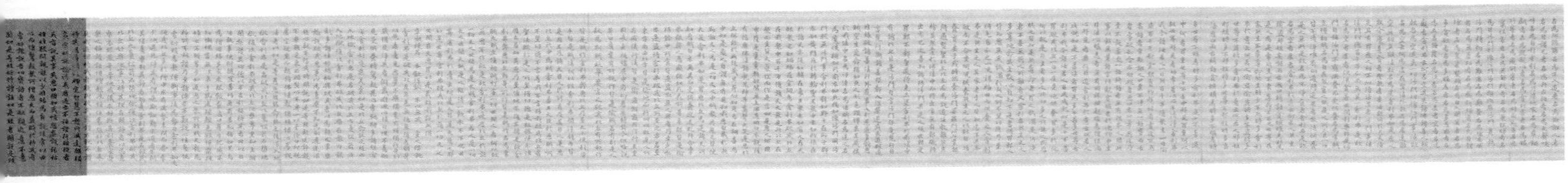

持戒忍辱精進禪定智慧不讚寂滅遠離獨
處常好譏論持戒者過亦不稱讚行頭陁者
或言說其事或惡口橫加或憶想妄說依怙
種姓數問親族以少因緣爲貪說法常以曲
心而懷驚疑衆所憎惡久而益賤於持戒者
常好譏說苦切實語者不欲親近意不憙
聞如是等經好持讀誦如是經者聞說是經
心歡憙者亦不憙見又不憙聞讚持戒法說
是等經不来聽受設来聽受不久即還多與
白衣而作知識常樂論說持戒比丘以得自在
輕行暴口舍利弗是名破戒比丘十憂惱箭
必墮惡道舍利弗我滅度後如是等人滿閻
浮提專行求利以自生活

佛藏經卷第二

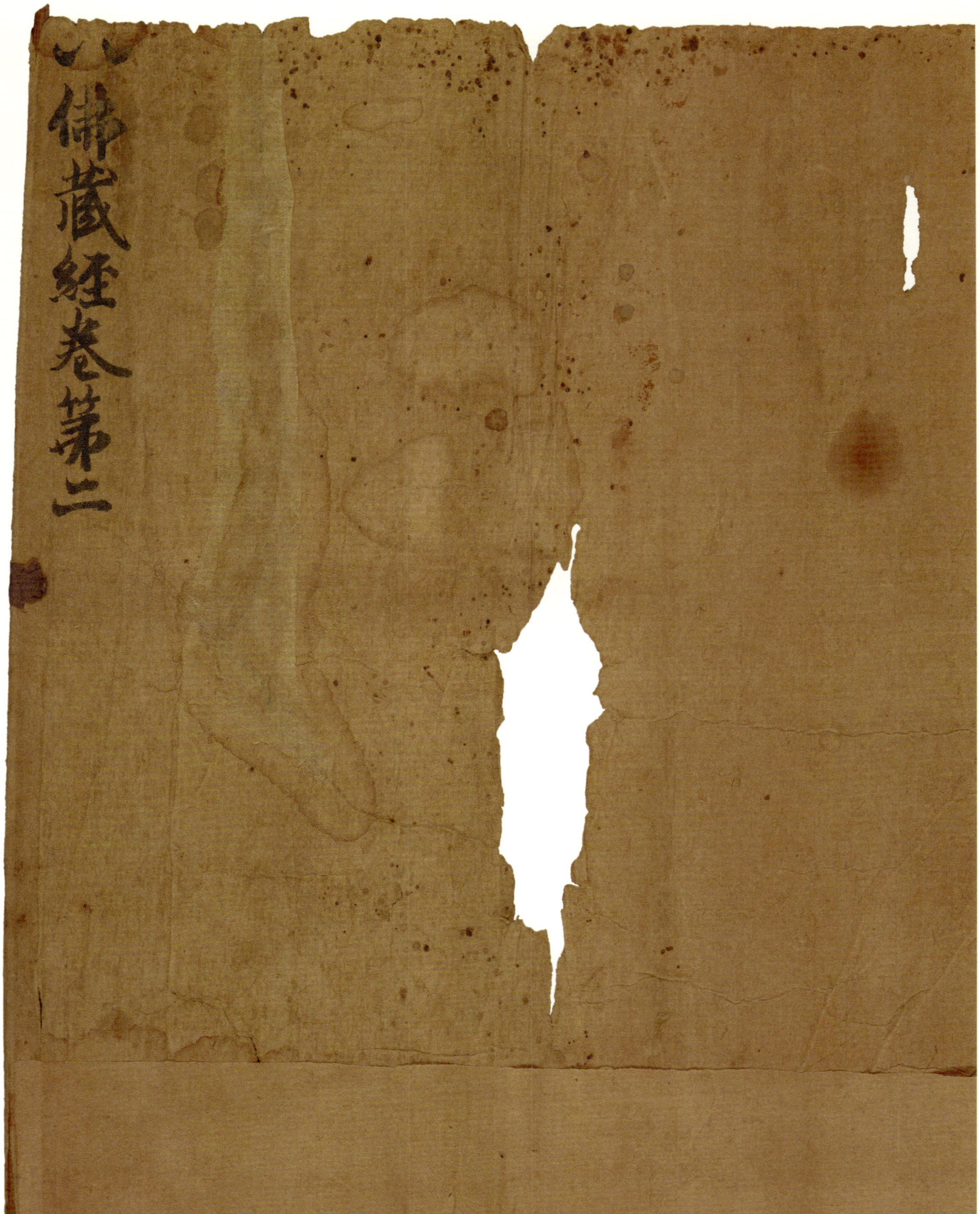

BD00066v　佛藏經卷二外題

BD00067 僧伽吒經卷一

（北魏）月婆首那 譯

449.1cm × 26.1cm

有法門名僧伽吒若此法門在閻浮提有人
聞者悉能除滅五逆罪業於阿耨多羅三藐
三菩　何不退轉一切勇於汝意云何若人
聞此沙門福德之衆過於一佛福德之衆一
切勇白佛言云何世尊佛告一切勇如恒河
沙等諸佛如來所有福德若人聞此法門所
得福德亦復如是一切勇若人得聞如是法
門於阿耨多羅三藐三菩提一切不退轉見
一切佛一切得阿耨多羅三藐三菩提惡魔
不惱一切善法皆得成就一切勇聞此法者
能知生滅尒時一切大衆從坐而起偏袒右
肩右膝著地合掌向佛白佛言世尊一佛福
德有幾量佛言善男子帝聽一佛功德辯

等衆生悉作十地菩薩如是一切十地菩薩
所有福德不如一佛福德之衆一切勇若人
聞此法門福多於此筭數譬喻所不能及尒
時一切大衆聞是說已踊躍歡喜多增福德
時一切勇菩提薩埵白佛言世尊何等衆生
渴樂正法尒時世尊告一切勇菩提薩埵摩
訶薩埵一切勇有二衆生渴仰於法何等為
二一者於一切衆生其心平等二者即聞法
已等為衆說心无悕望一切勇菩提薩埵白
佛言世尊聞何等法得近菩提一切勇渴仰
聞法得近菩提常信樂德受大乘法者得近
菩提尒時人天諸龍緊女從坐而起白佛言
世尊我等渴法願佛世尊滿我所願尒時世

世尊我等渴法願佛世尊滿我所願尒時世
尊即便微咲種種色光從口中出遍照十方
上至梵世還從頂入尒時一切勇菩提薩埵
從坐而起偏袒右肩右膝著地白佛言世尊
以何因緣如來現此希有之相尒時世尊告
一切勇菩提薩埵於此會中一切衆生當得
阿耨多羅三藐三菩提成就一切如來境界
是故佛咲一切勇菩提薩埵白佛言世尊何
因緣故此會衆生得阿耨多羅三藐三菩提
佛言善哉善哉一切勇能問如來如是之義
一切勇以願勝故一切勇乃往過去无數阿
僧祇劫有佛世尊号曰寶德如來應供正遍
知明行足善逝世間解无上士調御丈夫天
人師佛世尊一切勇尒時我作摩納之子此

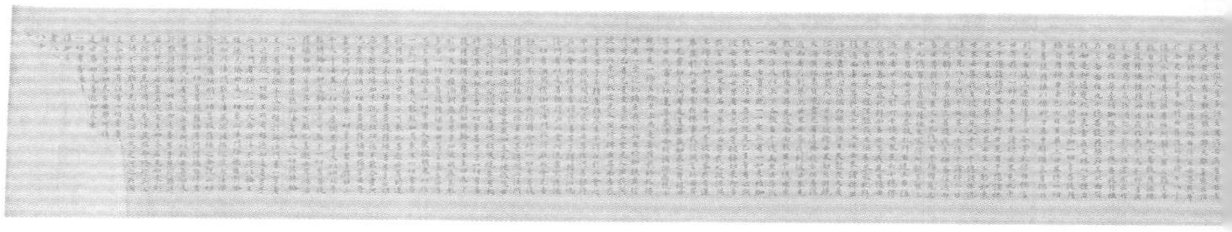

聞已尋皆發言願行如是一切勇此會大衆
因彼善根當得阿耨多羅三藐三菩提尒時
一切勇菩提薩埵摩訶薩埵白佛言世尊若
有衆生聞此法者壽命幾劫佛言其人壽命
滿八十劫一切勇菩提薩埵白佛言世尊劫
以何量佛言善男子辟如大城縱廣十二由
旬高三由旬盛滿胡麻有長壽人過百歲已
取一而去如是城中胡麻悉盡劫猶不盡一
切勇又如大山縱廣二十五由旬高十二由
旬有長壽人過一百歲以輕繒帛一往拂之
如是山盡劫猶不盡是名劫量時一切勇菩
提薩埵摩訶薩埵白佛言世尊一發誓願尚
得如是福德之聚壽八十劫何況於佛法中

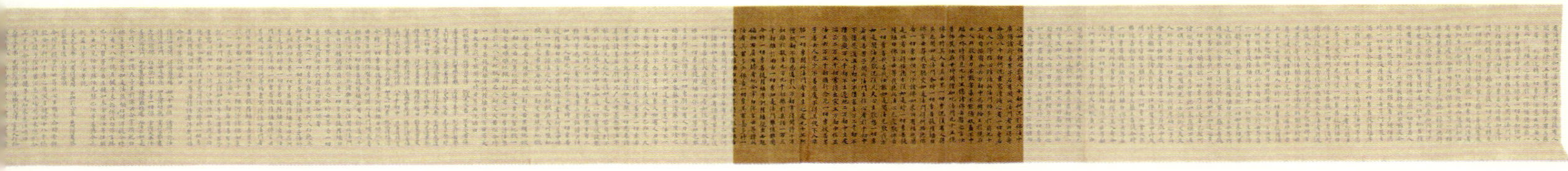

得如是福德之聚壽八十劫何況於佛法中
廣脩諸行善男子若有聞此法門者所得壽
命滿八十劫何況書寫讀誦之者一切勇若
有人以淨信心讀誦此法門福多於前九十
五劫自識宿命六万劫中為轉輪王於現在
世人所敬重刀不能害毒不能傷妖蠱不中
臨命終時得見九十五億諸佛安慰之言汝
莫怖畏汝在世時聞僧伽吒法門九十五億
佛各將其人至其世界一切勇況復有人得
具足聞如是法門尒時一切勇菩提薩埵白
佛言世尊我當聽受如是法門得何福德佛
告一切勇如恒河沙諸佛如来所有福德聞
是經者所得福德亦復如是時一切勇菩提
薩埵白佛言世尊我聽此法心无疲猒佛告
一切勇善哉善哉汝能如是聞法无猒我亦

女是聞法者聞從大心生歡想一切勇
若有善男子聞此法門生信心者於千劫中
不墮惡道五千劫中不墮畜生万二千劫不
墮愚癡万八千劫不生邊地二万劫中生處
端正二万五千劫常得出家五万劫中作正
法王六万五千劫脩行念死一切勇彼善男
子善女人无少不善惡魔不得其便不入母
胎一切勇聞此法門者生生之處九十五阿
僧祇劫不墮惡道於八万劫常得聞持十万
劫離於殺生九万九千劫離於妄語一万三
千劫離於兩舌一切勇如是法門難值難聞
尒時一切勇菩提薩埵摩訶薩埵從坐而起
偏袒右肩右膝着地合掌白佛言世尊謗此
法者其罪多少佛告一切勇其罪甚多時一
切勇菩提薩埵白佛言世尊得幾故名佛言

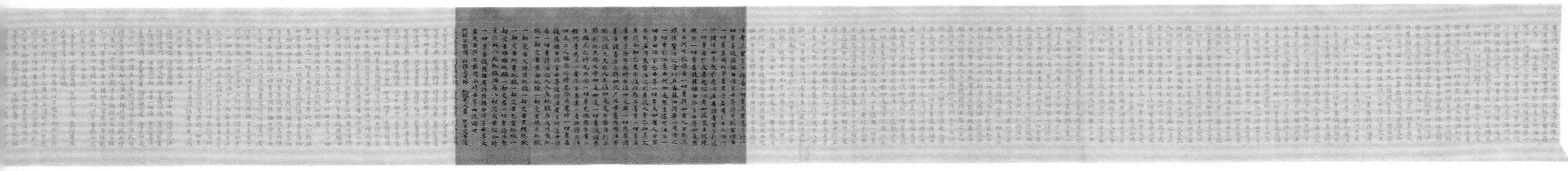

法者其罪多少佛告一切勇其罪甚多時一
切勇菩提薩埵白佛言世尊得幾數罪佛告
一切勇莫問此事善男子若有於十二恒河
沙諸佛如來起於惡心若有謗者罪多於彼
一切勇若於大乘起惱心者如彼衆生被燒
燋然一切勇菩提薩埵白佛言世尊如是衆
生云何可救佛告一切勇譬如有人刀斷其
頭使醫治之塗以石蜜蘇油諸藥以用塗之
一切勇於汝意云何如是衆生還可活不一
切勇白佛不也世尊一切勇又如有人刀害
不斷若得良醫治之則差彼人差已知其大
苦我今知已更不復作惡不善業一切勇若
善男子念布施時亦復如是離一切惡集諸
善法諸善具足譬如死尸父母憂愁啼泣不

生臨死之時无所依一切勇无依衆生有二
種何等為二一者作不善業二者誹謗正法
如是二人臨死之時无依止處時一切勇菩
提薩埵白佛言世尊彼謗法者生何道中佛
告一切勇謗法之人入大地獄在大叫喚地
獄一劫受苦衆合地獄一劫受苦燒然地獄
一劫受苦大燒然地獄一劫受苦黑繩地獄
一劫受苦阿鼻地獄一劫受苦毛竪地獄一
劫受苦睺睺地獄一劫受苦一切勇謗法衆
生於此八大地獄满足八劫受大苦惱尒時
一切勇菩提薩埵摩訶薩埵白佛言世尊大
苦大苦我不能聞尒時世尊而説頌曰
何故不能聞　此語甚可怖　地獄為大苦　衆生受苦痛

苦大苦我不能聞尒時世尊而說頌曰
何故不能聞　此語甚可怖　地獄爲大苦　衆生受苦痛
若造善業者　則有樂果報　若造不善業　則受於苦報
生則有死苦　憂悲苦所縛　凡夫常受苦　无有少樂時
智慧人爲樂　能憶念諸佛　信清淨大乘　不墮於惡道
如是一切勇　本業得果報　作業時雖少　得无邊果報
種子時雖少　得无量果實　殖種佛福田　能生果實處
智者得安樂　樂於諸佛法　遠離於惡法　脩行諸善法
若以一豪物　用布施諸佛　八十千劫中　巨富具財寶
隨所受生處　常念行布施　如是一切勇　施佛得福深
尒時一切勇菩提薩埵摩訶薩埵白佛也言
世尊云何脩佛智慧云何聞此法門增長善
根佛告一切勇菩提薩埵若有人供養六十
二億恒河沙諸佛施諸樂具若復聞此法門
者所得福德與前等一切勇菩提薩埵白

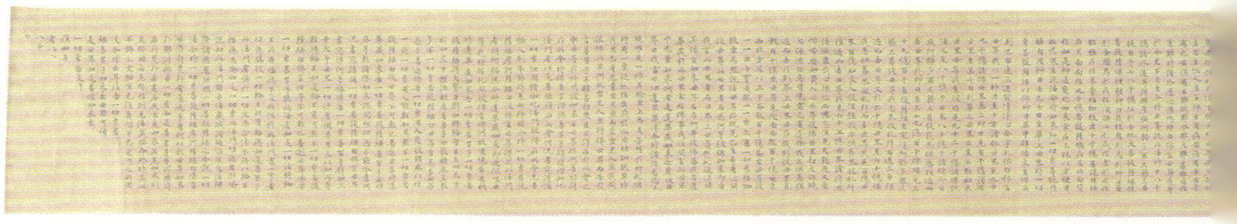

佛言世尊云何善根滿足佛時世尊告一切
勇菩提薩埵摩訶薩言功德如佛者
當知滿足一切勇白佛言世尊何人功德與
如来等佛告一切勇菩提薩埵善男子法師
善根與如来等一切勇菩提薩埵言世尊何
等是法師佛告一切勇菩提薩埵流通此法
門者名為法師一切勇菩提薩埵白佛言世
尊聞此法門得何等福書寫讀誦此法門者
得幾所福佛告一切勇菩提薩埵言善男子
於十方面一一方各十二恒河沙諸佛如来
一一如来住世説法滿十二劫若有善男子
説此法門功德與上諸如来等若有善男子
書寫此經四十八恒河沙諸佛如来説其功
德不能令盡況復書寫讀誦受持時一切勇
菩提薩埵聞佛言世尊若讀誦者得幾所福

BD00067　僧伽吒經卷一

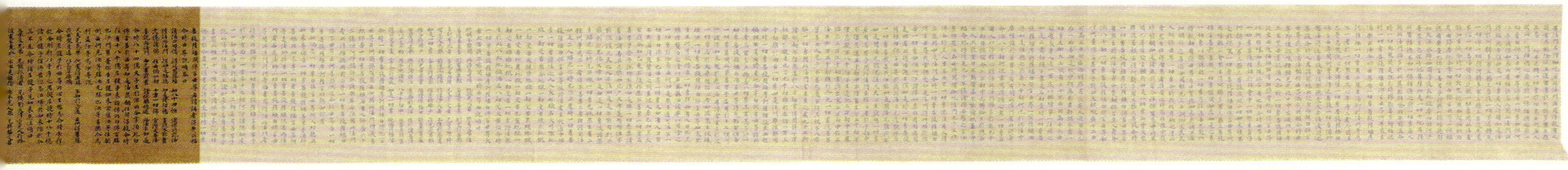

菩提薩埵聞佛言世尊若讀誦者得幾所福
尒時世尊說頌荅曰
讀誦四句偈　得此最勝福　如八十四恒　諸佛所說法
讀誦此法門　得如是福德　如是諸功德　言說不能盡
十六億諸佛　住世滿一劫　十方一切佛　常讚大乘法
善說此法門　而无有窮盡　諸佛難值遇　此法亦如是
尒時八十四億天子至於佛所合掌頂礼白
佛言善哉世尊如是法藏願住閻浮提尒時
復有十八千億居揵子來詣佛所白佛言勝
也沙門瞿曇佛告居揵如來常勝汝等住顛
倒云何見汝等勝汝无勝也汝等善聽今為
利益汝等為汝等說
凡夫无慧樂　何處得有勝　不知於正道　云何得有勝
我示衆生道　以甚深佛眼
[illegible]

杵金剛杵以手摩之用擲尼揵時十八千億
諸尼揵子惶怖苦惱悲泣啼哭如來隱形令
其不見尒時諸尼揵子見如來悲泣頌曰
父母及兄弟　无能救濟者　見曠野大澤　空无人行路
彼處不見水　亦不見樹陰　亦不見人衆　无伴獨受苦
彼受諸苦惱　由不見如來
時諸尼揵從坐而起右膝著地出大聲言如
來哀愍顧見救濟我等歸依佛尒時世尊即
時微笑告一切勇菩提薩埵摩訶薩埵言善
男子汝往外道尼揵子所為其說法尒時一
切勇菩提薩埵摩訶薩埵白佛言世尊辟如
須弥山王小山无能出者如是世尊於如來
前我不能說尒時世尊告一切勇菩提薩埵
摩訶薩埵善男子莫作是說如來有多方便
一切[illegible]

摩訶薩埵善男子莫作是說如來有多方便
一切勇汝往觀十方一切世界如來在何處
住於何處所敷如來坐一切勇於尼揵所我
亦當自說法一切勇白佛言世尊乘何神力
爲以自神力去以佛神力去也佛告一切勇
汝以自神力去還時以佛神力而來尒時一
切勇菩提薩埵摩訶薩埵從坐而起偏袒右
肩爲佛作礼即沒不現尒時世尊爲尼揵說
生苦生惱人生多怖生有病苦病有老苦老
有死苦復有王難賊難水難火難毒難自作
業難時諸外道心懷恐怖白佛言世尊我等
於今更不忍生尒時世尊說此法時十八千
億諸外道等得離塵垢阿耨多羅三藐三菩
提自身十八千億住於十地大菩提薩埵現
菩提薩埵種種神力或作鳥形馬形師子象

獼猴或作華臺結跏趺坐十千億菩提薩埵
在其南面作九十億菩提薩埵在其北面皆
作如是神通變化如来常在三昧以方便力
故為衆生說法尒時如来知一切勇菩提薩
埵自用神力去已七日至華上世界時一切
勇菩提薩埵以佛神力屈申臂頃来至佛所
到已右遶三帀發清淨心合掌礼佛白佛言
世尊我以一神力至十方諸佛世界見九十
九千億諸佛世界第二神力見百千億諸佛
世界至第七日到華上世界亦至不動如来
世界世尊我至彼國見九十二千億諸佛說
法又見八十億千世界八十億千諸佛即日
成阿耨多羅三藐三菩提我悲供養復過而

法又見八十億千世界八十億千諸佛即日
成阿耨多羅三藐三菩提我悉供養復過而
去世尊我即日至三十九億百千佛國見三
十九億百千菩提薩埵出家得阿耨多羅三
藐三菩提世尊我悉恭敬礼拜右遶三帀復
過而去世尊又於六十億世界見六十億佛
我悉供養恭敬礼拜而去世尊我見百億世
界百億如来入般涅槃我亦供養恭敬礼拜
復過而去世尊我見六十五億世界諸佛正
法滅盡我心燋惱而懷悲泣見天龍夜叉憂
惱啼哭如箭入心世尊彼佛世界劫火所燒
大海須弥悉皆燒盡无有遺餘我亦供養復
過而去乃到華上世界世尊我到彼世界見
數百千億坐世尊見彼南面數百千億坐東
西上方又々上下各數百千意高坐世尊皮

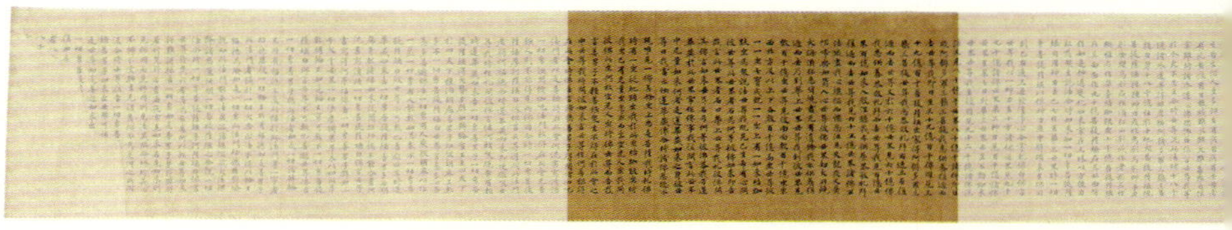

一一坐一一成就一一坐上不一女来結趺

趺坐為衆說法世尊我既見已生希有心問

彼世尊此世界者名為何等彼佛如来即告

我言此世界者名曰華上世尊我礼彼佛問

其佛言如来世尊名号何等彼佛荅我号蓮

華藏於此世界常作佛事我復問言此世界

中无量如来何者是蓮華藏如来之身彼世

尊曰我當示汝蓮華藏佛尒時諸佛悉隱不

現唯見一佛其餘坐上悉是菩薩我時礼佛

時有一坐從地踊出我於此坐結跏趺坐時

我坐已有无量坐忽然而出空无人坐我問

彼佛此坐何故空无人坐時佛世尊而告我

言善男子不種善根衆生不得在於此會之

中世尊我時問彼如来言世尊作何善根得

在此會時佛告言帝惪善男子得聞曾已

中世尊我時問彼如来言世尊作何善根得
在此會時佛告言諦聽善男子得聞僧伽吒
法門者以是善根得在此會何況書寫讀誦
一切勇汝聞僧伽吒法門故得在此會无善
根人則不能得見此佛國尒時一切勇菩提
薩埵摩訶薩埵白彼佛言世尊得聞此法門
者得何福德尒時蓮華藏如来即便微咲世
尊我時作礼問彼佛言佛何故咲現希有相
時蓮華藏如来告一切勇善男子一切勇菩
提薩埵得大勢力辟如轉輪聖王主四天下
於四天下種滿胡麻善男子如彼胡麻其數
多不一切勇菩提薩埵白世尊言甚多世尊
甚多善逝佛告一切勇有人聚彼胡麻以作
一聚一切勇有人能數知其數不一切勇菩
提薩埵白彼世尊不可數也善逝世尊時蓮

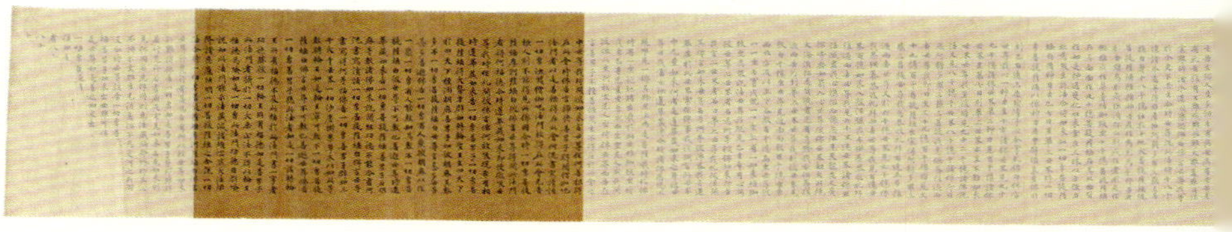

麻等數諸佛如來說聞經功德不能令盡何
况書寫讀誦一切勇菩提薩埵白佛言世尊
書寫得何等福佛告一切勇善男子辟如三
千大千世界一切沙塵樹葉草木以如此等
數轉輪王如是輪王寧可數不一切勇菩提
薩埵白佛言世尊不可數也善逝世尊佛告
一切勇善男子聽此法者如是一切諸轉輪
王所有福德不及此福於此法門書一字者
功德勝彼一切輪王所有福德如是善男子
此法門者攝於一切大乘正法不得以輪王
福德為喻如是一切勇此法門功德非辟喻
說如此法門能示法藏滅諸煩惱然大法炬
降諸惡魔照明一切菩提薩埵之舍說一切
法尒時一切勇菩提薩埵摩訶薩埵白佛言

BD00067　僧伽吒經卷一

降諸惡魔照明一切菩提薩埵之舍說一切
法尒時一切勇菩提薩埵摩訶薩埵白佛言
世尊行梵行者甚爲希有何以故世尊如來
行難得佛告一切勇如是善男子梵行難得
若行梵行若晝若夜常見如來若見如來則
見佛國若見佛國則見法藏臨命終時其心
不怖不受胎生无復憂惱不爲愛河之所漂
沒尒時世尊復告一切勇菩提
埵善男子如來出世難可値
是世尊如是善逝如來出
一切勇菩提薩
復如是
者八
八千

BD00068 金光明最勝王經卷四

（唐）義浄 譯

368.1cm × 25cm

品是故
極難得故見修煩惱難伏能伏是故
爲難勝行法相續了了顯現无相思惟皆悉
現前是故六地名爲現前无漏无間无相思
惟解脫三昧遠修行故是地清淨无有障㝵
是故七地名爲遠行无相思惟修得自在諸
煩惱行不能令動是故八地名爲不動説一切
法種種差別皆得自在无患无累增長智
慧自在无㝵是故九地名爲善慧法身如虛
空智慧如大雲皆能遍滿覆一切處是故第
十名爲法雲
善男子執著有相我法无明怖畏生死惡趣
无明此二无明障於初地微細學處誤犯无
明發起種種業行无明此二无明障於二地

淨法愛樂无明此二无明障於四地於背生
死无明希趣涅槃无明此二无明障於五地觀
行流轉无明麁相現前无明此二无明障於
六地微細諸相現前无明作意欣樂无相
无明此二无明障於七地於无相觀作功用无
明執相自在无明此二无明障於八地於所説
義及名句文此二无量未善巧无明於詞
辯才不隨意无明此二无明障於九地於大
神通未自在變現无明微細秘密未能悟
解事業无明此二无明障於十地於一切境
微細所知障礙无明極細煩惱麁重无明此
二无明障於佛地
善男子菩薩摩訶薩於初地中行施波羅蜜
於第二地行戒波羅蜜於第三地行忍波羅
蜜於第四地行勤波羅蜜於第五地行定波

於第二地行戒波羅蜜於第三地行忍波羅
蜜於第四地行勤波羅蜜於第五地行定波
羅蜜於第六地行慧波羅蜜於第七地行方
便勝智波羅蜜於第八地行願波羅蜜於第
九地行力波羅蜜於第十地行智波羅蜜
善男子菩薩摩訶薩最初發心攝受能生壯
寶三摩地第二發心攝受能生可愛樂
地第三發心攝受能生勤動三摩地第四發
心攝受能生不退轉三摩地第五發心攝受
能生寶花三摩地第六發心攝受能生日圓
光燄三摩地第七發心攝受能生一切願如
意成就三摩地第八發心攝受能生現前證住
三摩地第九發心攝受能生智藏三摩地第
十發心攝受能生勇進三摩地善男子是名
菩薩摩訶薩十種發心善男子菩薩摩訶
[illegible]功德力尒時世尊

怛姪他　晡嘌你曷奴剌剎
獨虎獨虎獨虎　耶跋蘇利瑜
阿婆婆薩底(丁里反下皆同)　耶跋旃達囉
調　怛　底　多跋達路叉漯
憚荼鉢喇訶嚂　粔嚕莎訶
善男子此陁羅尼是過一恒河沙數諸佛
所說為護初地菩薩故若有誦持此陁
羅尼呪者得脫一切怖畏所謂虎狼師子惡獸
之類一切惡鬼人非人等怨賊灾橫及諸苦惱
解脫五障不忘念初地
善男子菩薩摩訶薩於第二地得陁羅尼
名善安樂住
怛　姪　他　嗢篅(入聲下同)里
質里質里　嗢篅羅篅羅羽喃
繕覩繕覩嗢篅里　虎嚕虎嚕莎訶

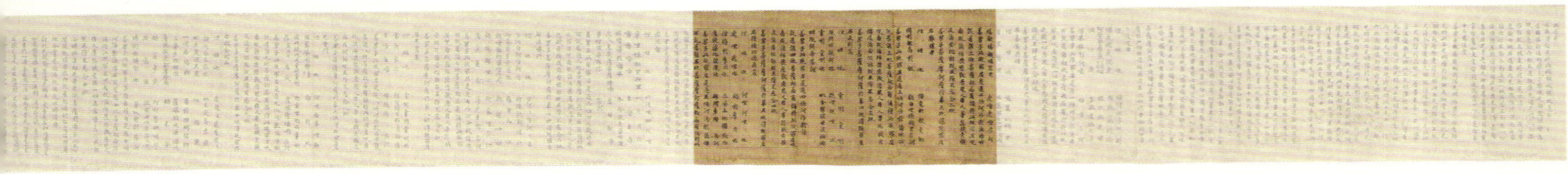

繕覩繕覩嗢篤里　虎嚕虎嚕莎訶
善男子此陁羅尼是過二恒河沙數諸佛所
說為護二地菩薩故若有誦持此陁羅尼呪
者脫諸怖畏惡獸惡鬼人非人等怨賊災横
及諸苦惱解脫五障不忘念二地
善男子菩薩摩訶薩於第三地得陁羅尼
名難勝力
怛　姪　他　憚宅枳　般　宅　枳
羯喇徹高喇　徹　雞由哩憚徹里莎訶
善男子此陁羅尼是過三恒河沙數諸佛所
說為護三地菩薩故若有誦持此陁羅尼
呪者脫諸怖畏惡獸惡鬼人非人等怨賊災
横及諸苦惱解脫五障不忘念三地
善男子菩薩摩訶薩於第四地得陁羅尼

隨須你隨須你　隨哩隨哩你
室唎室唎你　毗舍羅波世波始娜
畔隨須帝莎訶
善男子此陁羅尼是過四恒河沙數諸
說為護四地菩薩故若有誦持此陁羅尼呪
者脫諸怖畏惡獸惡鬼人非人等怨賊灾橫
及諸苦惱解脫五障不忘念四地
善男子菩薩摩訶薩於第五地得陁羅尼
名種種功德莊嚴
怛姪他　訶哩訶哩你
遮哩遮哩你　羯喇摩引你
僧羯喇摩引你　三婆山你瞻拔你
悉耽婆你謨漢你　磔闍步陛　莎訶
善男子此陁羅尼是過五恒河沙數諸佛
所說為護五地菩薩摩訶薩故若有誦持此

善男子此陀羅尼是過五恒河沙數諸佛
所說爲護五地菩薩摩訶薩故若有誦持此
陀羅尼呪者脫諸怖畏惡獸惡鬼人非人等
怨賊災横及諸苦惱解脫五障不忘念五地
善男子菩薩摩訶薩於第六地得陀羅尼名
圓滿智
怛姪他 毗徒哩 毗徒哩
摩哩你迦里迦里 毗度漢底
嚕嚕嚕嚕 主嚕主嚕
杜嚕婆杜嚕婆 捨捨設者婆哩灑
莎入悉底薩婆薩埵喃 悉甸覩漫
曼怛囉鉢陀你 莎訶
善男子此陀羅尼是過六恒河沙數諸佛
所說爲護六地菩薩摩訶薩故若有誦持此
陀羅尼呪者脫諸怖畏惡獸惡鬼人非人等
怨賊災横及諸苦惱解脫六障不忘念六地

善男子菩薩摩訶薩於第七地得陀羅尼

名法勝行

怛　姪　他　句訶上　句訶引　嚕

句訶句訶句訶嚕　鞞陸枳鞞陸枳

阿蜜栗多唬漢你　勅里山你

鞞嚕勅枳婆嚕代底　鞞提　四　枳

頻陀鞞哩你　阿蜜哩底枳

蒱虎　主愈　薄虎主愈　莎訶

善男子此陀羅尼是過七恒河沙數諸佛

所說為護七地菩薩故若有誦持此陀羅

尼呪者脫諸怖畏惡獸惡人非人等怨賊

災横及諸苦惱解脫五障不忘念七地

善男子菩薩摩訶薩於第八地得陀羅尼

名无盡藏

怛　姪　他　室唎室唎室唎你

怛姪他　室唎室唎室唎你
蜜底蜜底　羯哩羯哩嘔嚕嘔嚕
主嚕主嚕　畔陁彌　莎訶
善男子此陁羅尼是過八恒河沙數諸佛所說
爲護八地菩薩故若有誦持此陁羅尼呪者
脫諸怖畏惡獸惡鬼人非人等怨賊灾横及
諸苦惱解脫五障不忘念八地
善男子菩薩摩訶薩於第九地得陁羅尼名
无量門
怛姪他　訶哩旃荼哩枳
俱藍婆喇體（天里反）　都剌　死
杖吒杖吒死室唎室唎　迦室哩迦必室唎
莎（蘇活反）　悉底　薩婆薩埵喃　莎訶
善男子此陁羅尼是過九恒河沙數諸佛所

及諸苦惱解脫五障不忘念九地
善男子菩薩摩訶薩於第十地得陁羅尼
名破金剛山
怛姪他　悉提去　蘇悉提去
謨折你木察你　毗木底菴末麗
毗末麗涅末麗　忙揭麗
呬爛若揭鞞　曷喇怛娜揭鞞
三曼多跋姪麗　薩婆頞他娑憚你
摩捺斯莫訶摩捺斯　頞步底
頞窒步底　阿喇誓毗喇誓
跋嚂　謎　跋囉甜甘肰麼莎入嚩
晡喇你晡喇娜　曼奴喇剃莎訶
善男子此陁羅尼灌頂吉祥句是過十恒
河沙數諸佛所說為護十地菩薩故若有

河沙數諸佛所說為護十地菩薩故若有
誦持此陁羅尼呪者脫諸怖畏惡獸惡鬼人
非人等怨賊灾横一切毒害皆悉除滅解
脫五障不忘念十地
尒時師子相无㝵光燄菩薩聞佛說此不可
思議陁羅尼已即從座起偏袒右肩右膝著
地合掌恭敬頂礼佛足以頌讚佛
敬礼无譬喻 甚深无相法 衆生失正知 唯佛能濟度
如來明慧眼 不見一法相 復以正法眼 普照不思議
不生於一法 亦不滅一法 由斯平等見 得至无上處
不壞於生死 亦不住涅槃 不著於二邊 是故證圓寂
於淨不淨品 世尊知一味 由不分別故 獲得最清淨
世尊无邊身 不說於一字 令諸弟子衆 法雨皆充滿
佛觀衆生相 一切種皆无 然於苦惱者 常興於救護

[illegible]
法界无分別　是故无異乘　為度衆生故　分別說有三
爾時大自在梵天王亦從座起偏袒右肩右膝
著地合掌恭敬頂禮佛足而白佛言世尊此金
光明最勝王經希有難量初中後善文義究
竟皆能成就一切佛法若受持者是人則為
報諸佛恩佛言善男子如是如是如汝所說
善男子若得聽聞是經典者皆不退於阿
耨多羅三藐三菩提何以故善男子是能
成熟不退地菩薩殊勝善根是第一法印是
衆經王故應聽聞受持讀誦何以故善男子
若一切衆生未種善根未成熟善根未親近
諸佛者不能聽聞是微妙法若善男子善
女人能聽受者一切罪障皆悉除滅得最清
淨常得見佛不離諸佛及善知識勝行之人

BD00068　金光明最勝王經卷四

女人能聽受者一切罪障皆悉除滅得最清
淨常得見佛不離諸佛及善知識勝行之人
恒聞妙法住不退地獲得如是勝陁羅尼門所
謂无盡无減海印出妙功德陁羅尼无盡无
減通達衆生意行言語陁羅尼无盡无減日
圓无垢相光陁羅尼无盡无減滿月相光陁羅
尼无盡无減能伏諸惑演功德流陁羅尼无
盡无減破金剛山陁羅尼无盡无減說不可說
義因緣藏陁羅尼无盡无減通達實語法
則音聲陁羅尼无盡无減虛空无垢心行印
陁羅尼无盡无減无邊佛身皆能顯現陁
羅尼无盡无減
善男子如是等无盡无減諸陁羅尼門得
成就故是菩薩摩訶薩能於十方一切佛土
化作佛身演說无上種種正法於法真如不

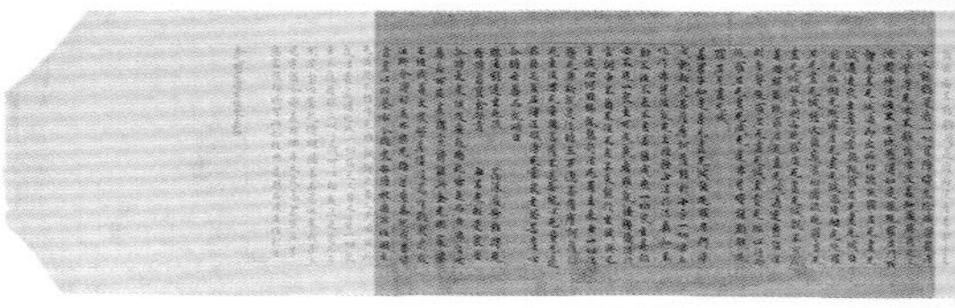

亦不見一衆生可成熟者雖說種種諸法於
言詞中不動不住不去不來能於生滅證无
生滅以何因緣說諸行法无有去來由一切法
體无異故說是法時三万億菩薩摩訶薩得
无生法忍无量諸菩薩不退菩提心无量无邊
苾芻苾芻尼得法眼淨无量衆生發菩薩心
尒時世尊而說頌曰
勝法能逆生死流　甚深微妙難得見
有情盲冥貪欲覆　由不見故受衆苦
尒時大衆俱從座起頂禮佛足而白佛言世
尊若所在處講宣讀誦此金光明最勝
王經我等大衆皆悉往彼爲作聽衆是說
法師令得利益安樂无障身意泰然我等皆
當盡心供養亦令聽衆安隱快樂所住國土

BD00068　金光明最勝王經卷四

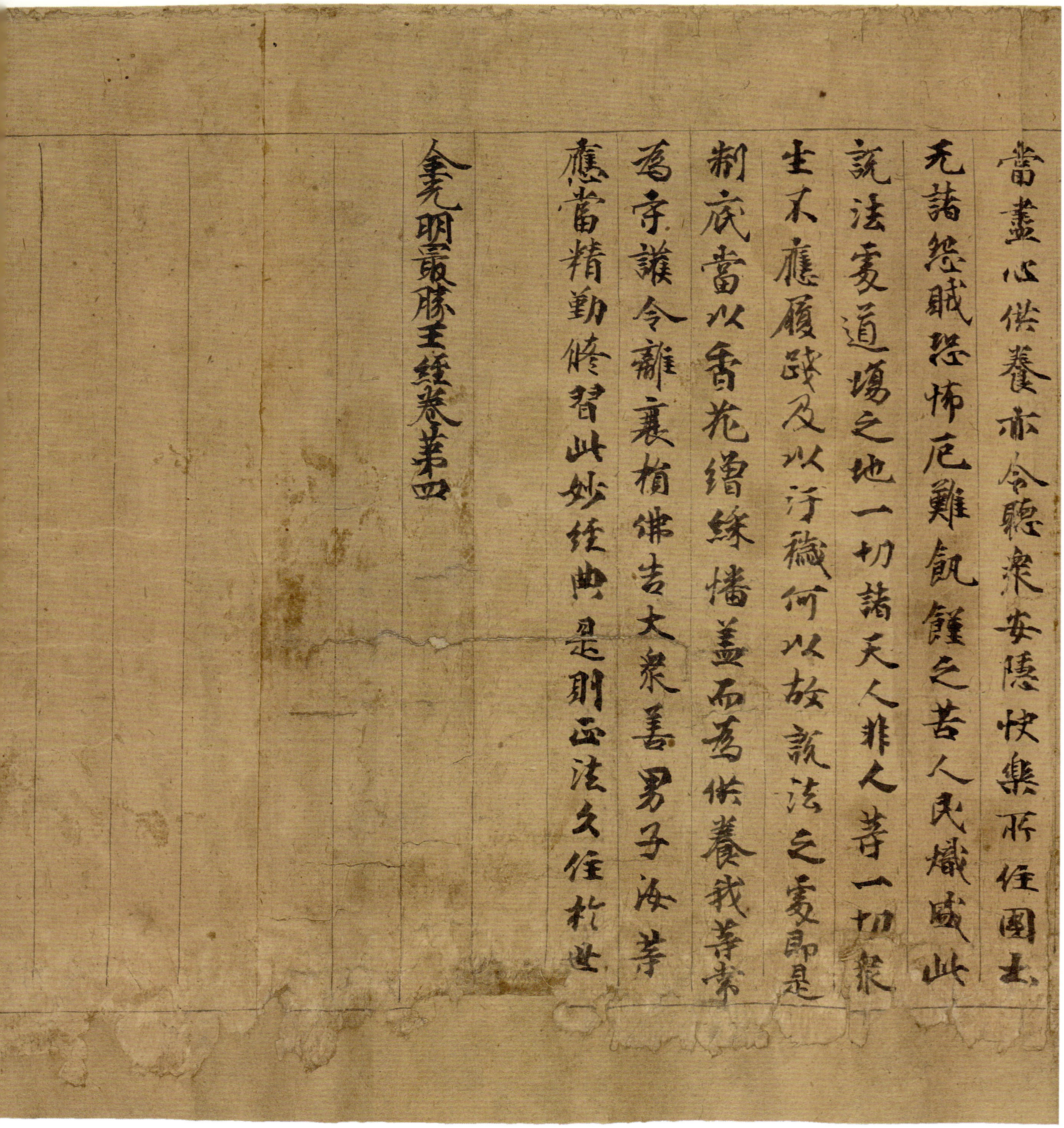

當盡心供養亦令聽衆安隱快樂所住國土
无諸怨賊恐怖厄難飢饉之苦人民熾盛此
說法處道場之地一切諸天人非人等一切衆
生不應履踐及以汙穢何以故說法之處即是
制底當以香花繒綵幡蓋而爲供養我等常
爲守護令離衰損佛告大衆善男子汝等
應當精勤修習此妙經典是則正法久住於世

金光明最勝王經卷第四

BD00068　金光明最勝王經卷四

BD00069 金光明最勝王經卷二

（唐）義净 譯

174.7cm × 25.5cm

□□□□□□□　常起貪愛流轉難
於此世間耽著難　一切愚夫煩惱難
狂心散動顛倒難　及以親近惡友難
於生死中貪染難　瞋癡闇鈍造罪難
生八無暇惡處難　未曾積集功德難
我今皆於最勝前　懺悔無邊罪惡業
我今歸依諸善逝　我礼德海无上尊
如大金山照十方　唯願慈悲哀攝受
身色金光淨無垢　目如清淨紺瑠璃
吉祥威德名稱尊　大悲慧日除衆闇
佛日光明常普遍　善淨无垢離諸塵
牟尼月照極清淨　能除衆生煩惱熱
三十二相遍莊嚴　八十隨好皆圓滿
福德難思无與等　如日流光照世間

□妙琉璃淨無垢　猶如滿月處虛空
妙頗梨網映金軀　種種光明以嚴飾
於生死苦暴流內　老病憂愁水所漂
如是苦海難堪忍　佛日舒光令永竭
我今稽首一切智　三千世界希有尊
光明晃耀紫金身　種種妙好皆嚴飾
如大海水量難知　大地微塵不可數
如妙高山叵稱量　亦如虛空無有際
諸佛功德亦如是　一切有情不能知
於無量劫諦思惟　無有能知德海岸
盡此大地諸山岳　析如微塵能算知
毛端渧海尚可量　佛之功德無能數
一切有情皆共讚　世尊名稱諸功德
清淨相好妙莊嚴　不可稱量知分齊
我之所有眾善業　願得速成無上尊

我之所有衆善業　願得速成无上尊
廣説正法利群生　悉令解脱於衆苦
降伏大力魔軍衆　當轉无上正法輪
久住劫數難思議　充足衆生甘露味
猶如過去諸冣勝　六波羅蜜皆圓滿
滅諸貪欲及瞋癡　降伏煩惱除衆苦
願我常得宿命智　能憶過去百千生
亦常憶念牟尼尊　得聞諸佛甚深法
願我以斯諸善業　奉事无邊冣勝尊
遠離一切不善因　恒得修行真妙法
一切世界諸衆生　悉皆離苦得安樂
所有諸根不具足　令彼身相皆圓滿
若有衆生遭病苦　身形羸瘦无所依
咸令病苦得消除　諸根色力皆充滿
若犯王法當刑戮　衆苦逼迫生憂惱

[illegible]

若受鞭杖枷鎖繫　種種苦具切其身

无量百千憂惱時　逼迫身心无蹔樂

皆令得免於繫縛　及以鞭杖苦楚事

將臨刑者得命全　衆苦皆令永除盡

若有衆生飢渴逼　令得種種殊勝味

盲者得覩聾者聞　跛者能行瘂能語

貧窮衆生獲寶藏　倉庫盈溢无所乏

皆令得受上妙樂　无一衆生受苦惱

一切人天皆樂見　容儀溫雅甚端嚴

悉皆現受无量樂　受用豐饒福德具

隨彼衆生念伎樂　衆妙音聲皆現前

念水即現清涼池　金色蓮花汎其上

隨彼衆生心所念　飲食衣服及牀敷

金銀珎寶妙瑠璃　瓔珞莊嚴皆具足

隨彼衆生心所念　飲食衣服及牀敷
金銀珎寶妙瑠璃　瓔珞莊嚴皆具足
勿令衆生聞惡響　亦復不見有相違
所受容貌悉端嚴　各各慈心相愛樂
世間資生諸樂具　隨心念時皆滿足
所得珎財無悋惜　分布施與諸衆生
燒香末香及塗香　衆妙雜花非一色
每日三時從樹墮　隨心受用生歡喜
普願衆生咸供養　十方一切最勝尊
三乘清淨妙法門　菩薩獨覺聲聞衆
常願勿處於卑賤　不墮無暇八難中
生在有暇人中尊　恒得親承十方佛
願得常生富貴家　財寶倉庫皆盈滿
顏貌名稱無與等　壽命延長經劫數
悉願女人變為男　勇健聰明多智慧
一切常行菩薩道　勤修六度到彼岸

安[illegible]一[illegible]无量佛　寶王樹下所安處
處妙瑠璃師子座　恒德親承轉法輪、
若於過去及現在　輪迴三有造諸業
能招可猒不善趣　願得消滅永无餘
一切衆生於有海　生死羂網堅牢縛
願以智劒爲斷除　離苦速證菩提處
衆生於此贍部內　或於他方世界中
所作種種勝福因　我今皆悉生隨喜
以此隨喜福德事　及身語意造衆善
願此勝業常增長　速證无上大菩提
所有礼讚佛功德　深心清淨无瑕穢
迴向發願福无邊　當超惡趣六十劫
若有男子及女人　婆羅門等諸勝族
合掌一心讚歎佛　生生常憶宿世事
諸根清淨身圓滿　殊勝功德皆成就

諸根清淨身圓滿　殊勝功德皆成就
願於未來所生處　常得人天共瞻仰
非於一佛十佛所　修諸善根今得聞
百千佛所種善根　方得聞斯懺悔法
尒時世尊聞此說已讚妙幢菩薩言善哉善
哉善男子如汝所夢金鼓出聲讚歎如來真
實功德并懺悔法若有聞者獲福甚多廣利
有情滅除罪障汝今應知此之勝業皆是過
去讚歎發願宿習因緣及由諸佛威力加護
此之因緣當為汝說時諸大衆聞是法已咸
皆歡喜信受奉行
金光明最勝王經卷苐二

礦古猛　鍊蓮見　鎔欲鍾　渟大丁　稃覆于　鎖蘇果　羂古縣

BD00070

金剛般若波羅蜜經

（後秦）鳩摩羅什 譯

534.2cm × 25cm

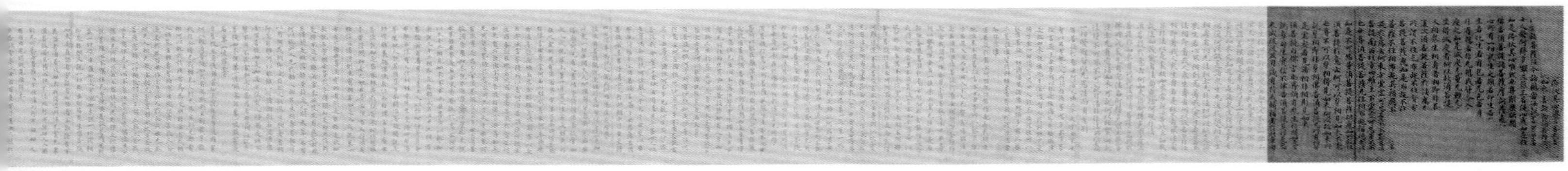

降伏其心佛言善哉善
哉如來善護念諸菩薩善
付嘱諸菩薩汝今諦聽當汝說善男子善
女人發阿耨多羅三藐三菩提心應如是住
如是降伏其心唯然世尊願樂欲聞
佛告須菩提諸菩薩摩訶薩應如
心所有一切衆生之類若卵生若
生若化生若有色若无色若有
非有想若非无想我皆令入
度之如是滅度无量无數无
生得滅度者何以故須菩提
人相衆生相壽者相即非菩
復次須菩提菩薩於法應无

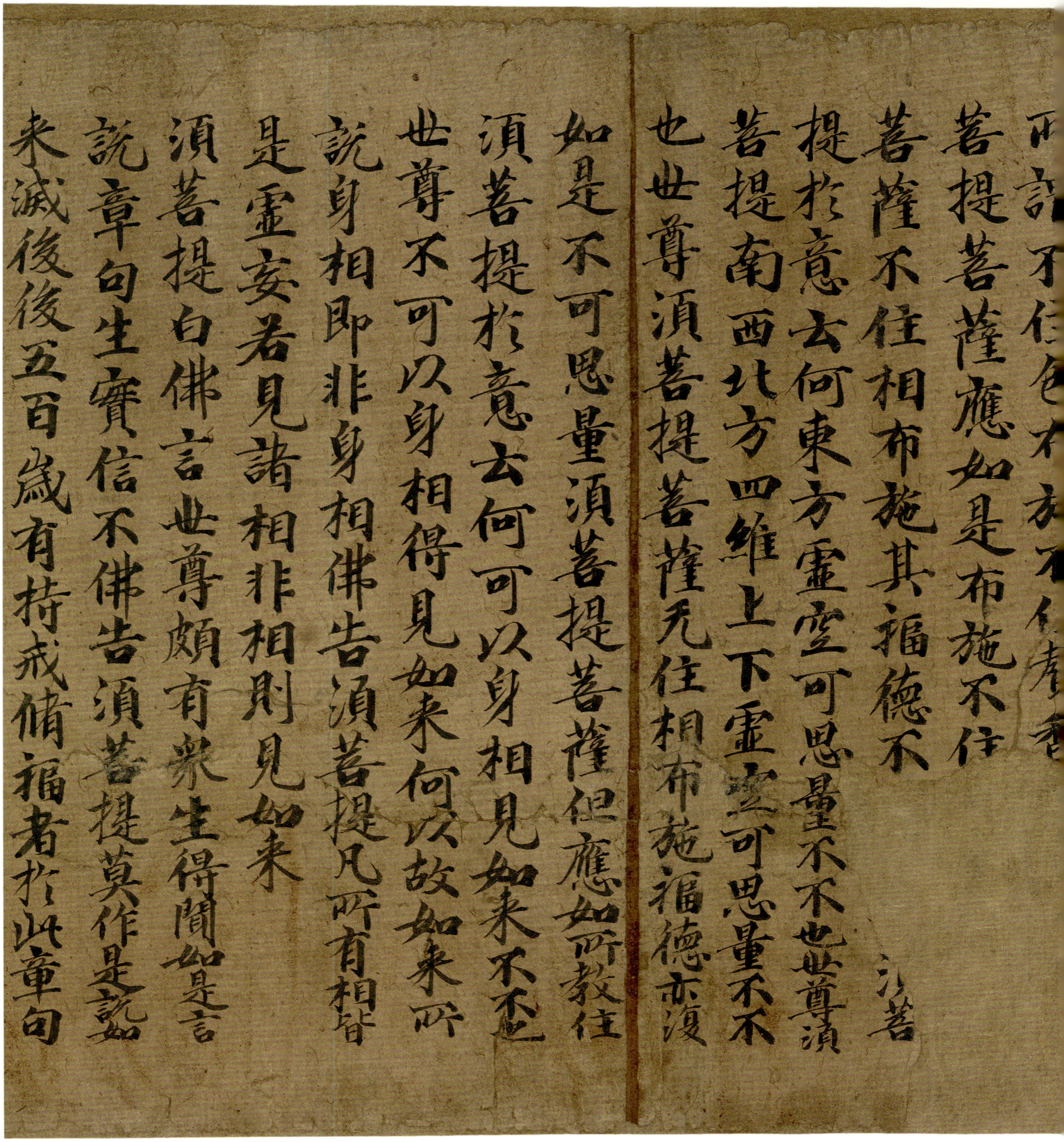

所謂不住色布施不住聲香
菩提菩薩應如是布施不住
菩薩不住相布施其福德不　須菩
提於意云何東方虛空可思量不不世尊須
菩提南西北方四維上下虛空可思量不不
也世尊須菩提菩薩无住相布施福德亦復
如是不可思量須菩提菩薩但應如所教住
須菩提於意云何可以身相見如來不不也
世尊不可以身相得見如來何以故如來所
說身相即非身相佛告須菩提凡所有相皆
是虛妄若見諸相非相則見如來
須菩提白佛言世尊頗有衆生得聞如是言
說章句生實信不佛告須菩提莫作是說如
來滅後後五百歲有持戒脩福者於此章句

BD00070　金剛般若波羅蜜經

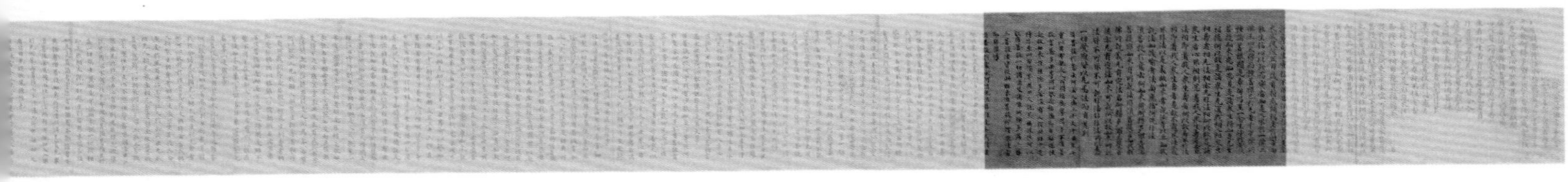

說章句生實信不佛告須菩提莫作是說如
来滅後後五百歲有持戒脩福者於此章句
能生信心以此爲實當知是人不於一佛二
佛三四五佛而種善根已於无量千万佛所
種諸善根聞是章句乃至一念生淨信者須
菩提如来悉知悉見是諸衆生得如是无量
福德何以故是諸衆生无復我相人相衆生
相壽者相无法相亦无非法相何以故是諸
衆生若心取相則爲著我人衆生壽者若取
法相即著我人衆生壽者何以故若取非法
相即著我人衆生壽者是故不應取法不應
取非法以是義故如来常說汝等比丘知我
說法如筏喻者法尚應捨何况非法
須菩提於意云何如来得阿耨多羅三藐三

菩提耶如来有所說法耶須菩提言如我解
佛所說義无有定法名阿耨多羅三藐三菩
提亦无有定法如来可說何以故如来所說
法皆不可取不可說非法非非法所以者何
一切賢聖皆以无為法而有差別
須菩提於意云何若人滿三千大千世界七
寶以用布施是人所得福德寧為多不須菩
提言甚多世尊何以故是福德即非福德性
是故如来說福德多若復有人於此經中受
持乃至四句偈等為他人說其福勝彼何以
故須菩提一切諸佛及諸佛阿耨多羅三藐
三菩提法皆從此經出須菩提所謂佛法者
即非佛法
須菩提於意云何須陁洹能作是念我得須

即非佛法
須菩提於意云何須陁洹能作是念我得須
陁洹果不須菩提言不也世尊何以故須陁
洹名為入流而无所入不入色聲香味觸法
是名須陁洹須菩提於意云何斯陁含能作
是念我得斯陁含果不須菩提言不也世尊
何以故斯陁含名一往來而實无往來是名
斯陁含須菩提於意云何阿那含能作是念
我得阿那含果不須菩提言不也世尊何以
故阿那含名為不來而實无來是故名阿那
含須菩提於意云何阿羅漢能作是念我得
阿羅漢道不須菩提言不也世尊何以故實
无有法名阿羅漢世尊若阿羅漢作是念我
得阿羅漢道即為著我人衆生壽者世尊佛

說我得无諍三昧人中最為第一是第一離
欲阿羅□□□我不作是念我是離欲阿羅漢世
尊我若作是念我得阿羅漢道世尊則不說
須菩提是樂阿蘭那行者以須菩提實无所
行而名須菩提是樂阿蘭那行佛告須菩提
於意云何如来昔在然燈佛所於法有所得
不世尊如来在然燈佛所於法實无所得
須菩提於意云何菩薩莊嚴佛土不不也世
尊何以故莊嚴佛土者則非莊嚴是名莊嚴
是故須菩提諸菩薩摩訶薩應如是生清淨
心不應住色生心不應住聲香味觸法生心
應无所住而生其心須菩提譬如有人身如
須弥山王於意云何是身為大不須菩提言
甚大世尊何以故佛說非身是名大身

BD00070　金剛般若波羅蜜經

須彌山王於意云何是身爲大不須菩提言
甚大世尊何以故佛說非身是名大身
須菩提如恒河中所有沙數如是沙等恒河
於意云何是諸恒河沙寧爲多不須菩提言
甚多世尊但諸恒河尚多无數何況其沙須
菩提我今實言告汝若有善男子善女人以
七寶滿尓所恒河沙數三千大千世界以用
布施得福多不須菩提言甚多世尊佛告須
菩提若善男子善女人於此經中乃至受持
四句偈等爲他人說而此福德勝前福德
復次須菩提隨說是經乃至四句偈等當知
此處一切世間天人阿脩羅皆應供養如佛
塔廟何況有人盡能受持讀須菩提當知
是人成就最上第一希有之法若是經典所

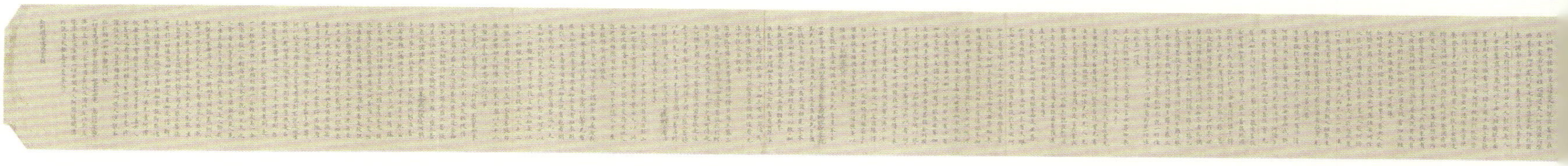

在之處則為有佛若尊重弟子爾時須菩提
白佛言世尊當何名此經我等云何奉持佛
告須菩提是經名為金剛般若波羅蜜以是
名字汝當奉持所以者何須菩提佛說般若
波羅蜜則非般若波羅蜜須菩提於意云何
如來有所說法不須菩提白佛言世尊如來
无所說須菩提於意云何三千大千世界所
有微塵是為多不須菩提言甚多世尊須菩
提諸微塵如來說非微塵是名微塵如來說
世界非世界是名世界須菩提於意云何可
以三十二相見如來不不也世尊何以故如
來說三十二相即是非相是名三十二相須
菩提若有善男子善女人以恒河沙等身命
布施若復有人於此經中乃至受持四句偈

BD00070　金剛般若波羅蜜經

菩提若有善男子善女人以恒河沙等身命
布施若復有人於此經中乃至受持四句偈
等為他人說其福甚多尒時須菩提聞說是
經深解義趣涕淚悲泣而白佛言希有世
尊佛說如是甚深經典我從昔來所得慧眼
未曾得聞如是之經世尊若復有人得聞是
經信心清淨則生實相當知是人成就第一
希有功德世尊是實相者則是非相是故如
來說名實相世尊我今得聞如是經典信解
受持不足為難若當來世後五百歲其有衆
生得聞是經信解受持是人則為第一希有
何以故此人无我相人相衆生相壽者相所
以者何我相即是非相人相衆生相壽者相

即是非相何以故離一切諸相則名諸佛
告須菩提如是如是若復有人得聞是經不
驚不怖不畏當知是人甚為希有何以故須
菩提如來說第一波羅蜜非第一波羅蜜是
名第一波羅蜜
須菩提忍辱波羅蜜如來說非忍辱波羅蜜
何以故須菩提如我昔為歌利王割截身體
我扵尒時无我相无人相无眾生相无壽者
相何以故我扵往昔節節支解時若有我相
人相眾生相壽者相應生瞋恨須菩提又念
過去扵五百世作忍辱仙人扵尒所世无我
相无人相无眾生相无壽者相是故須菩提
菩薩應離一切相發阿耨多羅三藐三菩提
心不應住色生心不應住聲香味觸法生心

BD00070　金剛般若波羅蜜經

菩薩應離一切相發阿耨多羅三藐三菩提
心不應住色生心不應住聲香味觸法生心
應生无所住心若心有住則為非住是故佛
說菩薩心不應住色布施須菩提菩薩為利
益一切衆生應如是布施如來說一切諸相
即是非相又說一切衆生則非衆生須菩提
如來是真語者實語者如語者不誑語者不
異語者須菩提如來所得法此法无實无虛
須菩提若菩薩心住於法而行布施如人入闇
則无所見若菩薩心不住法而行布施如人
有目日光明照見種種色
須菩提當來之世若有善男子善女人能於
此經受持讀誦則為如來以佛智慧悉知是

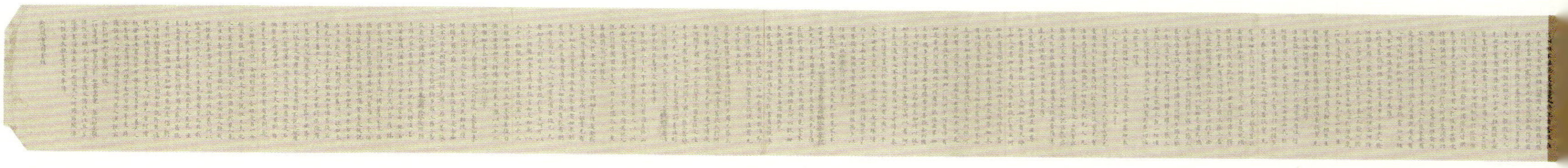

人悉見是人皆得成就无量无邊功德須菩
提若有善男子善女人初日分以恒河沙等
身布施中日分復以恒河沙等身布施後日
分亦以恒河沙等身布施如是无量百千万
億劫以身布施若復有人聞此經典信心不
逆其福勝彼何況書冩受持讀誦為人解說
須菩提以要言之是經有不可思議不可稱
量无邊功德如來為發大乘者說為發冣上
乘者說若有人能受持讀誦廣為人說如來
悉知是人悉見是人皆成就不可量不可稱
无有邊不可思議功德如是人等則為荷擔
如來阿耨多羅三藐三菩提何以故須菩提
若樂小法者著我見人見衆生見壽者見則
於此經不能聽受讀誦為人解說須菩提在

若樂小法者著我見人見衆生見壽者見則
於此經不能聽受讀誦為人解說須菩提在
在處處若有此經一切世間天人阿脩羅所應
供養當知此處則為是塔皆應恭敬作礼圍
遶以諸華香而散其處復次須菩提善男子
善女人受持讀誦此經若為人輕賤是人
先世罪業應墮惡道以今世人輕賤故先世
罪業則為消滅當得阿耨多羅三藐三菩提
須菩提我念過去无量阿僧祇劫於然燈佛
前得值八百四千万億那由他諸佛悉皆供
養承事无空過者若復有人於後末世能受
持讀誦此經所得功德於我所供養諸佛功
德百分不及一千万億分乃至算數譬喻所

不能及須菩提若善男子善女人於後末世有
受持讀誦此經所得功德我若具說者或有
人聞心則狂亂狐疑不信須菩提當知是經
義不可思議果報亦不可思議
尒時須菩提白佛言世尊善男子善女人發
阿耨多羅三藐三菩提心云何應住云何降
伏其心佛告須菩提善男子善女人發阿耨
多羅三藐三菩提者當生如是心我應滅度
一切衆生滅度一切衆生已而无有一衆生
實滅度者何以故若菩薩有我相人相衆生
相壽者相則非菩薩所以者何須菩提實无
有法發阿耨多羅三藐三菩提者
須菩提於意云何如來於然燈佛所有法得
阿耨多羅三藐三菩提不不也世尊如我解

須菩提於意云何如来於然燈佛所有法得
阿耨多羅三藐三菩提不不也世尊如我解
佛所説義佛於然燈佛所无有法得阿耨多
羅三藐三菩提佛言如是如是須菩提實无
有法如来得阿耨多羅三藐三菩提須菩提
若有法如来得阿耨多羅三藐三菩提然燈
佛則不與我受記汝於来世當得作佛号釋
迦牟尼以實无有法得阿耨多羅三藐三菩
提是故然燈佛與我受記作是言汝於来世
當得作佛号釋迦牟尼何以故如来者即諸
法如義若有人言如来得阿耨多羅三藐三
菩提須菩提實无有法佛得阿耨多羅三藐
三菩提須菩提如来所得阿耨多羅三藐三

菩提於是中无實无虛是故如來說一切法
皆是佛法須菩提所言一切法者即非一切法
是故名一切法
須菩提譬如人身長大須菩提言世尊如來
說人身長大則為非大身是名大身
須菩提菩薩亦如是若作是言我當滅度无
量衆生則不名菩薩何以故須菩提實无有
法名為菩薩是故佛說一切法无我无人无
衆生无壽者須菩提若菩薩作是言我當莊
嚴佛土是不名菩薩何以故如來說莊嚴佛
土者即非莊嚴是名莊嚴須菩提若菩薩通
達无我法者如來說名真是菩薩
須菩提於意云何如來有肉眼不如是世尊
如來有肉眼須菩提於意云何如來有天眼

BD00070　金剛般若波羅蜜經

達無我法者如来說名真是菩薩
須菩提於意云何如来有肉眼不如是世尊
如来有肉眼須菩提於意云何如来有天眼
不如是世尊如来有天眼須菩提於意云何
如来有慧眼不如是世尊如来有慧眼須菩
提於意云何如来有法眼不如是世尊如来
有法眼須菩提於意云何如来有佛眼不如
是世尊如来有佛眼須菩提於意云何恒河
中所有沙佛說是沙不如是世尊如来說是
沙須菩提於意云何如一恒河中所有沙有
如是等恒河是諸恒河所有沙數佛世界如
是寧為多不甚多世尊佛告須菩提尒所國
土中所有衆生若干種心如来悉知何以故
如来說諸心皆為非心是名為心所以者何

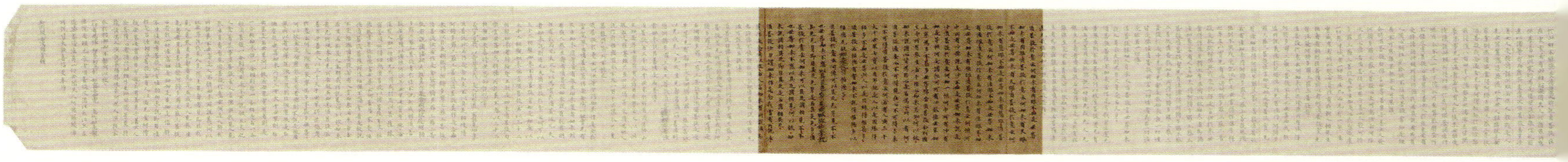

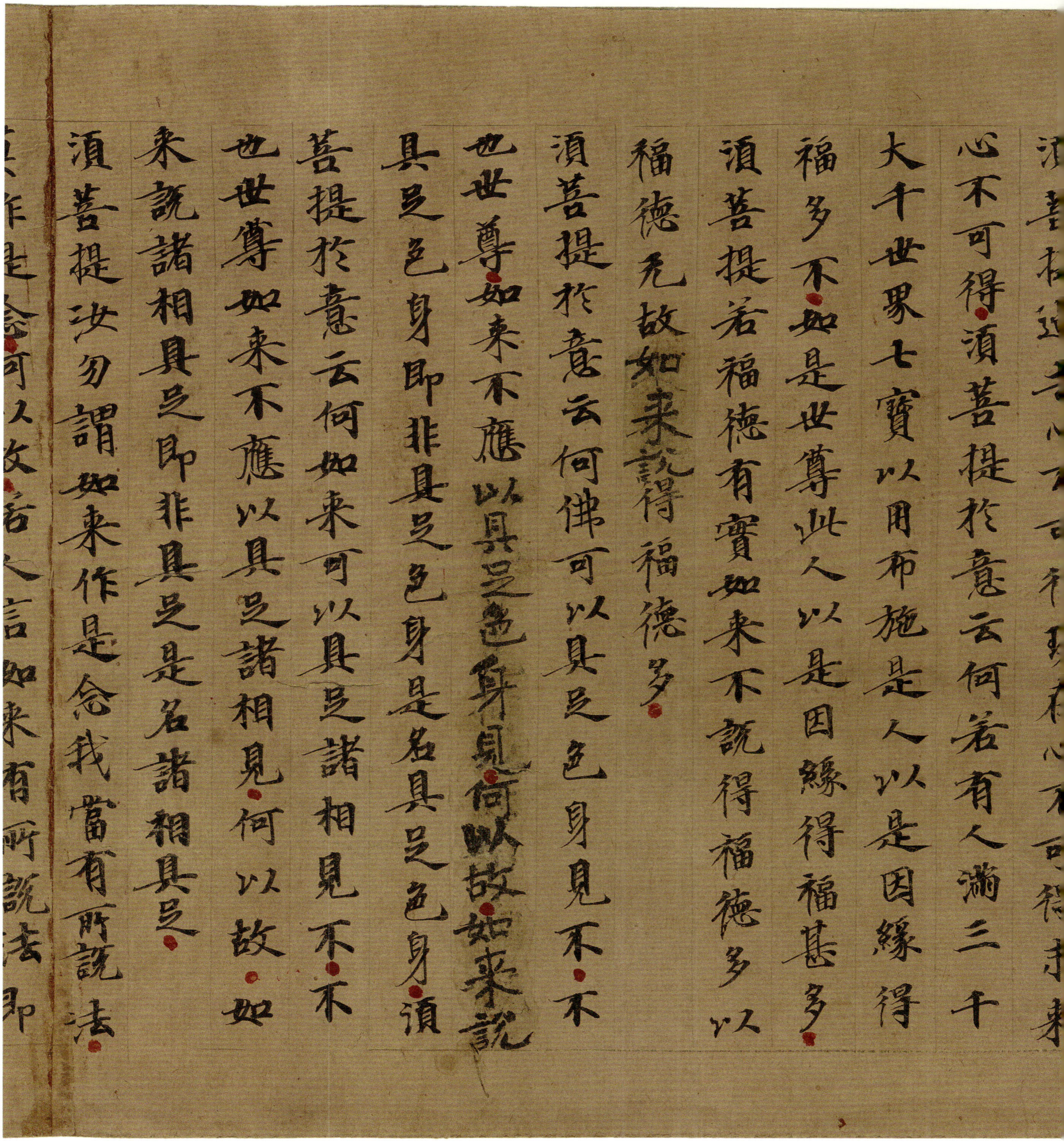

須菩提過去心不可得現在心不可得未來
心不可得須菩提於意云何若有人滿三千
大千世界七寶以用布施是人以是因緣得
福多不如是世尊此人以是因緣得福甚多
須菩提若福德有實如來不說得福德多以
福德无故如来說得福德多
須菩提於意云何佛可以具足色身見不不
也世尊如来不應以具足色身見何以故如来說
具足色身即非具足色身是名具足色身須
菩提於意云何如来可以具足諸相見不不
也世尊如来不應以具足諸相見何以故如
来說諸相具足即非具足是名諸相具足
須菩提汝勿謂如来作是念我當有所說法
莫作是念何以故若人言如來有所說法即

BD00070　金剛般若波羅蜜經

来說諸相具足即非具足是名諸相具足
須菩提汝勿謂如来作是念我當有所說法
莫作是念何以故若人言如来有所說法即
為謗佛不能解我所說故須菩提說法者无
法可說是名說法
須菩提白佛言世尊佛得阿耨多羅三藐三
菩提為无所得邪如是如是須菩提我於阿
耨多羅三藐三菩提乃至无有少法可得是
名阿耨多羅三藐三菩提復次須菩提是法
平等无有高下是名阿耨多羅三藐三菩提
以无我无人无衆生无壽者脩一切善法則
得阿耨多羅三藐三菩提須菩提所言善法
者如来說非善法是名善法
須菩提若三千大千世界中所有諸須弥山

王如是等七寶聚有人持用布施若人以此
般若波羅蜜經乃至四句偈等受持為他人
說於前福德百分不及一百千万億分乃至
筭數譬喻所不能及
須菩提於意云何汝等勿謂如來作是念我
當度衆生須菩提莫作是念何以故實无有
衆生如來度者若有衆生如來度者如來則
有我人衆生壽者須菩提如來說有我者則
非有我而凡夫之人以為有我須菩提凡夫
者如來說則非凡夫須菩提於意云何可以
三十二相觀如來不須菩提言如是如是以
三十二相觀如來佛言須菩提若以三十二
相觀如來者轉輪聖王則是如來須菩提白
佛言世尊如我解佛所說義不應以三十二

相觀如来者轉輪聖王則是如来須菩提白
佛言世尊如我解佛所說義不應以三十二
相觀如来尒時世尊而說偈言
若以色見我　以音聲求我　是人行邪道　不能見如来
須菩提汝若作是念如来不以具足相故得
阿耨多羅三藐三菩提須菩提莫作是念如
来不以具足相故得阿耨多羅三藐三菩提
須菩提汝若作是念發阿耨多羅三藐三菩
提者說諸法斷滅相莫作是念何以故發阿耨
多羅三藐三菩提者於法不說斷滅相須菩
提若菩薩以滿恒河沙等世界七寶布施若
復有人知一切法无我得成於忍此菩薩勝
前菩薩所得功德須菩提以諸菩薩不受福

德故須菩提白佛言世尊云何菩薩不受福
德須菩提菩薩所作福德不應貪著是故說
不受福德須菩提若有人言如來若來若去
若坐若臥是人不解我所說義何以故如來
者无所從來亦无所去故名如來須菩提若
善男子善女人以三千大千世界碎為微塵
於意云何是微塵衆寧為多不甚多世尊
何以故若是微塵衆實有者佛則不說是微塵
衆所以者何佛說微塵衆則非微塵衆是名
微塵衆世尊如來所說三千大千世界則非
世界是名世界何以故若世界實有者則是
一合相如來說一合相則非一合相是名一合
相須菩提一合相者則是不可說但凡夫之

BD00070　金剛般若波羅蜜經

一合相如來說一合相則非一合相是名一合
相須菩提一合相者則是不可說但凡夫之
人貪著其事須菩提若人言佛說我見人見
衆生見壽者見須菩提於意云何是人解我
所說義不世尊是人不解如來所說義何以
故世尊說我見人見衆生見壽者見即非我
見人見衆生見壽者見是名我見人見衆生
見壽者見須菩提發阿耨多羅三藐三菩提
心者於一切法應如是知如是見如是信解
不生法相須菩提所言法相如來說即非法
相是名法相須菩提若有人以滿无量阿僧
祇世界七寶持用布施若有善男子善女人
發菩薩心者持於此經乃至四句偈等受持
讀誦為人演說其福勝彼云何為人演說不

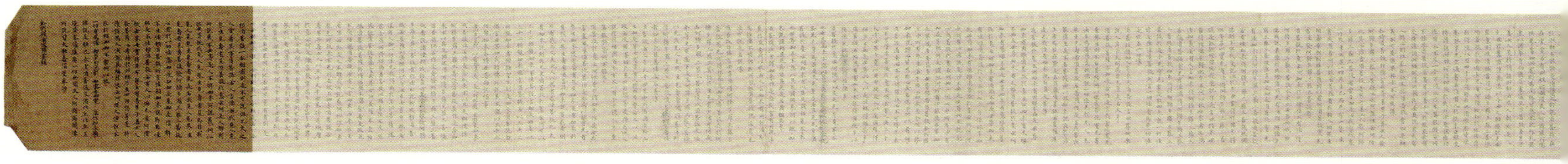

取於相如如不動何以故

一切有為法 如夢幻泡影 如露亦如電 應作如是觀

佛說是經已長老須菩提及諸比丘比丘尼

優婆塞優婆夷一切世間天人阿脩羅聞佛

所說皆大歡喜信受奉持

金剛般若波羅蜜經

BD00070 金剛般若波羅蜜經

BD00071A　大方廣佛華嚴經卷七一

（唐）實叉難陀 譯

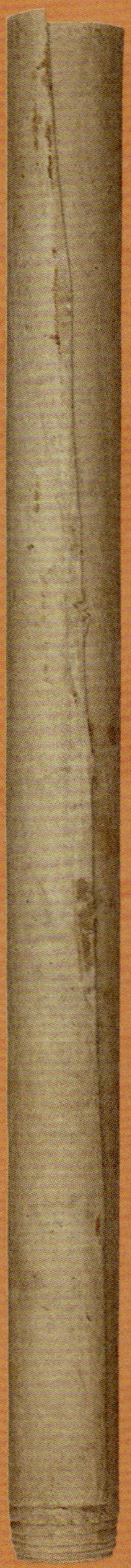

48.5cm × 25.7cm

煩惱恒熾然　業障所纏覆　隨於諸險道　我救彼衆生
一切諸惡趣　无量楚毒苦　生老病死等　我當悉除滅
願盡未來劫　普爲諸羣生　滅除生死苦　得佛究竟樂
善男子我唯知此念念生廣大喜莊嚴解脱
如諸菩薩摩訶薩深入一切法界海悉知一切
諸劫數普見一切剎成壞而我云何能知能
説彼功德行善男子此菩提場如來會中有
主夜神名守護一切城增長威力汝詣彼問
菩薩云何學菩薩行脩菩薩道尒時善財童
子一心觀察寂靜音海主夜神身而説頌言
我因善友教　來詣天神所　見神處寶座　身量无有邊
非是著色相　計有於諸法　劣智淺識人　能知尊境界
世閒天及人　无量劫觀察　亦不能測度　色相无邊故
遠離於[illegible]蘊　[illegible]不[illegible]住於處　[illegible]斷世閒疑　顯見[illegible]在力

了身內外法　无動无所得　淸淨智慧眼　見佛神通力
身爲正法藏　心是无㝵智　既得智光照　復照諸羣生
心集无邊業　莊嚴諸世間　了世皆是心　現身等衆生
知世悉如夢　一切佛如影　諸法皆如響　令衆无所著
爲三世衆生　念念示現身　而心无所住　十方遍說法
无邊諸刹海　佛海衆生海　悉在一塵中　此尊解脫力
時善財童子說此偈已頂礼其足遶无量帀殷
勤瞻仰辭退而去
尒時善財童子隨順寂靜音海夜神教思惟
觀察所說法門一一文句皆无忘失於无量
深心无量法性一切方便神通智慧憶念思擇
相續不斷其心廣大證入安住行詣守護一
切城夜神所見彼夜神坐一切寶光明摩尼
王師子之座无數夜神所共圍繞現一切衆

BD00071B　金光明最勝王經卷一

（唐）義净 譯

178.4cm × 24.5cm

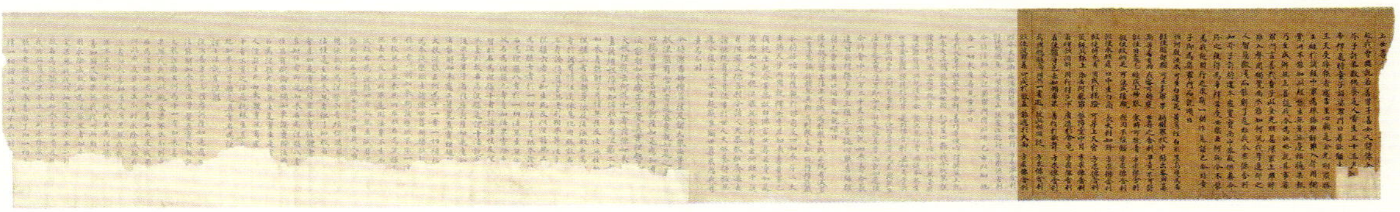

上世尊令
故我曾聞說若善男子善女人得佛舍
芥子許恭敬供養是人當生三十三天許
帝釋是時童子語婆羅門曰若欲願生
三天受勝報者應當至心聽是金光明最勝
王經於諸經中最爲殊勝難解難入聲聞獨
覺所不能知此經能生無量無邊福德果報
乃至成辦無上菩提我今爲汝略說其事婆
羅門言善哉童子此金光明甚深最上難解
難入聲聞獨覺尚不能知何況我等邊鄙之
人智慧微淺而能解了是故我今求佛舍利
如芥子許持還本處置寶函中恭敬供養命
終之後得爲帝釋常受安樂云何汝今不能

亦欲從世尊求其一顆作是語已爾時童
子即為婆羅門而說頌曰
恒河駃流水　可生白蓮花　黃鳥作白形　黑烏變為赤
假使贍部樹　可生多羅果　朅樹羅枝中　能出菴羅菓
斯等希有物　或容可轉變　世尊之舍利　畢竟不可得
假使用龜毛　織成上妙服　寒時可披著　方求佛舍利
假使蚊蚋足　可使成樓觀　堅固不搖動　方求佛舍利
假使水蛭蟲　口中生白齒　長大利如鋒　方求佛舍利
假使持兔角　用成於梯蹬　可昇上天宮　方求佛舍利
鼠緣此梯上　除去阿蘇羅　能障空中月　方求佛舍利
若蠅飲酒醉　周行村邑中　廣造於舍宅　方求佛舍利
若使驢脣色　赤如頻婆果　善作於歌舞　方求佛舍利
烏與鵂鶹鳥　同共一處遊　彼此相順從　方求佛舍利
假使波羅葉　可成於散蓋　能遮於大雨　方求佛舍利

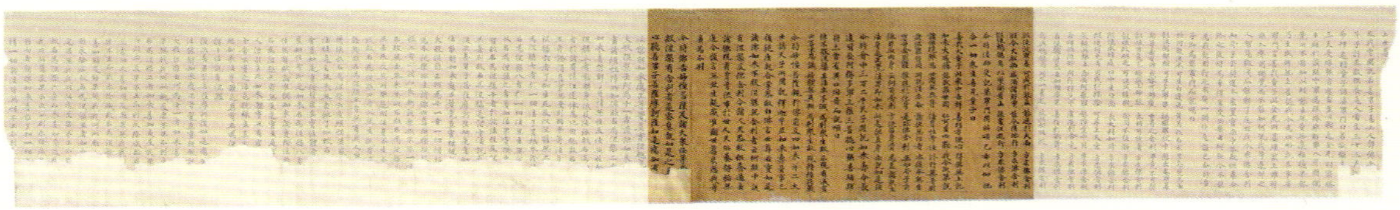

假使波羅柰　可成於散蓋　能遮於大雨　方求佛舍利
假令大舩舶　盛滿諸財寶　能令陸地行　方求佛舍利
假使鵂鶹鳥　以紫銜香山　隨處任遊行　方求佛舍利
尒時法師受記婆羅門聞此頌已亦以伽他
荅一切衆生喜見童子曰
善哉大童子　此衆中吉祥　善巧方便心　得佛無上記
如來大威德　能救護世間　仁可至心聽　我今次第說
諸佛境難思　世間無與等　法身性常住　修行無差別
諸佛體皆同　所說法亦尒　諸佛無作者　亦復本無生
世尊金剛體　權現於化身　是故佛舍利　無如芥子許
佛非血肉身　云何有舍利　方便留身骨　為益諸衆生
法身是正覺　法界即如來　此是佛真身　亦說如是法
尒時會中三万二千天子聞說如來壽命長
遠皆發阿耨多羅三藐三菩提心歡喜踊躍

[illegible][illegible][illegible]不異口同音而說頌曰

佛不般涅槃　正法亦不滅　爲利衆生故　示現有滅盡

世尊不思議　妙體無異相　爲利衆生故　現種種莊嚴

爾時妙幢菩薩親於佛前及四如來并二大士諸天子所聞說釋迦牟尼如來壽量事已復從座起合掌恭敬白佛言世尊若實如是諸佛如來不般涅槃無舍利者云何經中說有涅槃及佛舍利令諸人天恭敬供養過去諸佛現有身骨流布於世人天供養得福無邊今復言無致生疑惑唯願世尊哀愍我等廣爲分別

爾時佛告妙幢菩薩及諸大衆汝等當[illegible]

般涅槃有舍利者是密意說如是之義

心聽善男子菩薩摩訶薩如是應知有[illegible]

BD00071B　金光明最勝王經卷一

心聽善男子菩薩摩訶薩如是應知有
法能解如來應正等覺真實理趣說
大般涅槃云何爲十一者諸佛如來
盡諸煩惱障所知障故名爲涅槃二者
如來善能解了有情無性及法無性於
涅槃三者能轉身依及法依故名爲
者於諸有情任運休息化因緣故名
五者證得真實無差别相平等法身
涅槃六者了知生死及以涅槃無二
爲涅槃七者於一切法了其根本證法
名爲涅槃八者於一切法無生無滅
故名爲涅槃九者真如法界實際平
智故名爲涅槃十者於諸法性及涅
無差别故名爲涅槃是謂十法說有

復次善男子菩薩摩訶薩如是應知
法能解如來應正等覺真實理趣以
大般涅槃云何為十一者一切煩惱
為本從樂欲生諸佛世尊斷樂欲故
槃二者以諸如來斷諸樂欲不取一切
取故無去無來無所取故名為涅槃三
無去來及無所取是則法身不生不
滅故名為涅槃四者此無生滅非言
語斷故名為涅槃五者無有我人唯
轉依故名為涅槃六者煩惱隨惑
法性是主無來無去佛了知故名
者真如是實餘皆虛妄實性體者
真如性者即是如來名為涅槃八者
性無有戲論唯獨如來證實際法戲

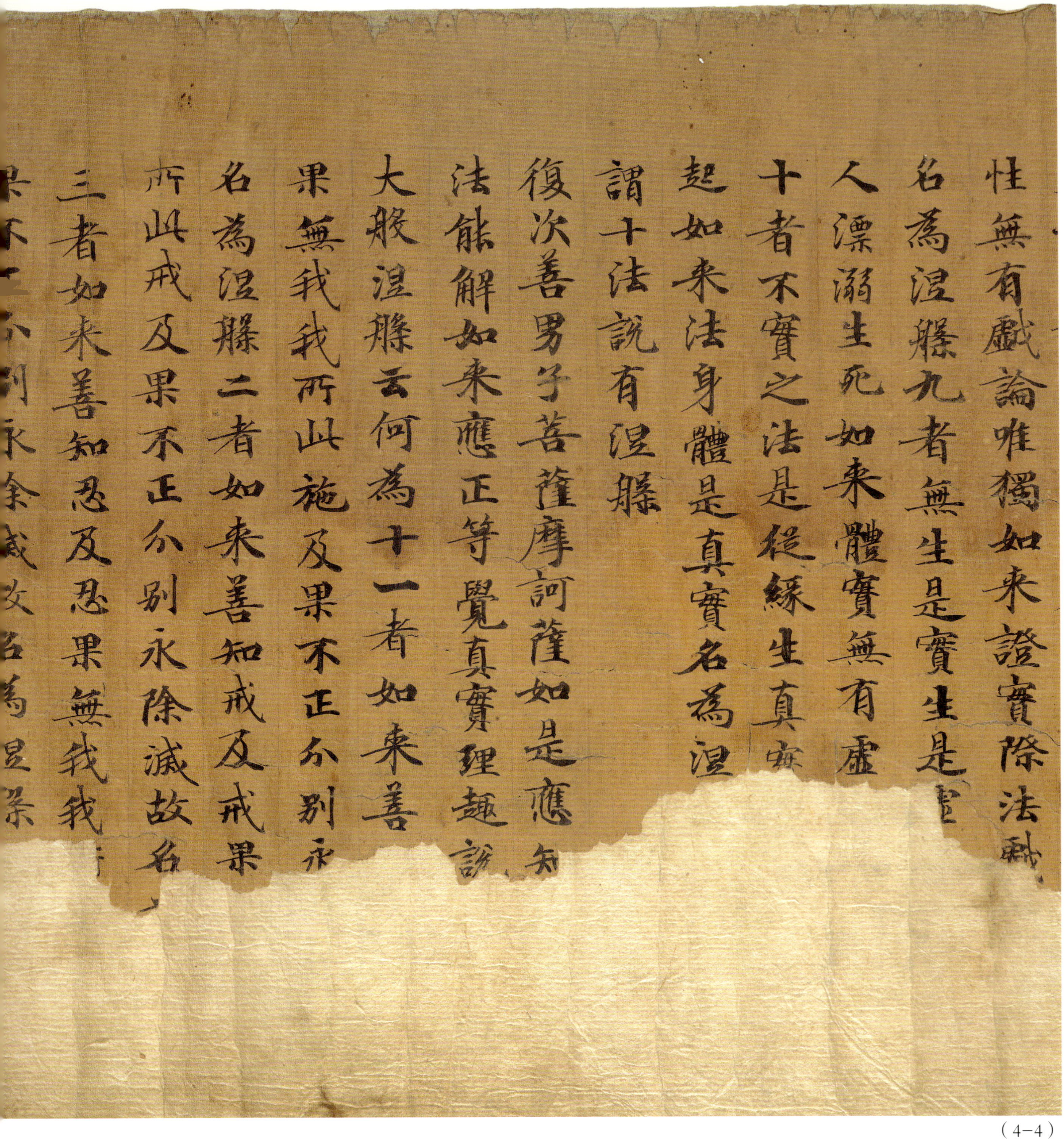
性無有戲論唯獨如來證實際法
名為涅槃九者無生是實生是
人漂溺生死如來體實無有虛
十者不實之法是從緣生真妄
起如來法身體是真實名為涅
謂十法說有涅槃
復次善男子菩薩摩訶薩如是應知
法能解如來應正等覺真實理趣說
大般涅槃云何為十一者如來善
果無我我所此施及果不正分別永
名為涅槃二者如來善知戒及戒果
所此戒及果不正分別永除滅故名
三者如來善知忍及忍果無我我
果不正分別永除滅故名為涅槃

善知業及業果無我我所此業及
別永除滅故名為涅槃五者如來
定果無我我所此定及果不正分別
故名為涅槃六者如來善知慧及慧
我所此慧及果不正分別永除滅故
槃七者諸佛如來善能了知一切有
情一切諸法皆無性不正分別

BD00072 大般若波羅蜜多經卷七二

（唐）玄奘 譯

625.9cm×26cm

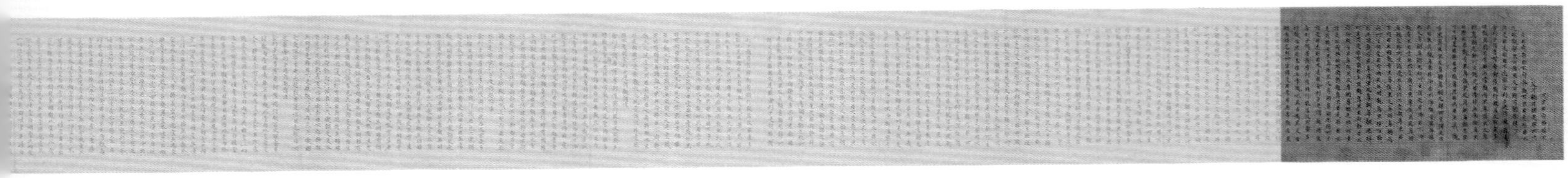

耳界非寂靜非不
及耳觸耳觸為緣所生
受非寂靜非不寂靜觀耳界非遠離非不
遠離觀聲界耳識界及耳觸耳觸為緣所
諸受非遠離非不遠離舍利子是謂觀諸法
舍利子諸菩薩摩訶薩脩行般若波羅蜜多
時觀鼻界非常非無常觀香界鼻識界及鼻
觸鼻觸為緣所生諸受非常非無常觀鼻界
非樂非苦觀香界鼻識界及鼻觸鼻觸為緣
所生諸受非樂非苦觀鼻界非我非無我觀
香界鼻識界及鼻觸鼻觸為緣所生諸受非
我非無我觀鼻界非淨非不淨觀香界鼻識

界及鼻觸鼻觸為緣所生諸受非淨非不淨
觀鼻界非空非不空觀香界鼻識界及鼻觸
鼻觸為緣所生諸受非空非不空觀鼻界非
有相非無相觀香界鼻識界及鼻觸鼻觸為
緣所生諸受非有相非無相觀鼻界非有願
非無願觀香界鼻識界及鼻觸鼻觸為緣
所生諸受非有願非無願觀鼻界非寂靜非不
寂靜觀香界鼻識界及鼻觸鼻觸為緣所生
諸受非寂靜非不寂靜觀鼻界非遠離非不
遠離觀香界鼻識界及鼻觸鼻觸為緣所生
諸受非遠離非不遠離舍利子是謂觀諸法
舍利子諸菩薩摩訶薩修行般若波羅蜜多
時觀舌界非常非無常觀味界舌識界及舌
觸舌觸為緣所生諸受非常非無常觀舌界

時觀舌界非常非無常觀味界舌識界及舌
觸舌觸為緣所生諸受非常非無常觀舌界
非樂非苦觀味界舌識界及舌觸舌觸為緣
所生諸受非樂非苦觀舌界非我非無我觀
味界舌識界及舌觸舌觸為緣所生諸受非
我非無我觀舌界非淨非不淨觀味界舌識
界及舌觸舌觸為緣所生諸受非淨非不淨
觀舌界非空非不空觀味界舌識界及舌觸
舌觸為緣所生諸受非空非不空觀舌界非
有相非無相觀味界舌識界及舌觸舌觸為
緣所生諸受非有相非無相觀舌界非有願
非無願觀味界舌識界及舌觸舌觸為緣所
生諸受非有願非無願觀舌界非寂靜非不
寂靜觀味界舌識界及舌觸舌觸為緣所生
諸受非寂靜非不寂靜觀舌界非遠離非不

諸受非遠離非不遠離舍利子是謂觀諸法
舍利子諸菩薩摩訶薩修行般若波羅蜜多
時觀身界非常非無常觀觸界身識界及身
觸身觸為緣所生諸受非常非無常觀身界
非樂非苦觀觸界身識界及身觸身觸為緣
所生諸受非樂非苦觀身界非我非無我觀
觸界身識界及身觸身觸為緣所生諸受非
我非無我觀身界非淨非不淨觀觸界身識
界及身觸身觸為緣所生諸受非淨非不淨
觀身界非空非不空觀觸界身識界及身觸
身觸為緣所生諸受非空非不空觀身界非
有相非無相觀觸界身識界及身觸身觸為
緣所生諸受非有相非無相觀身界非有願

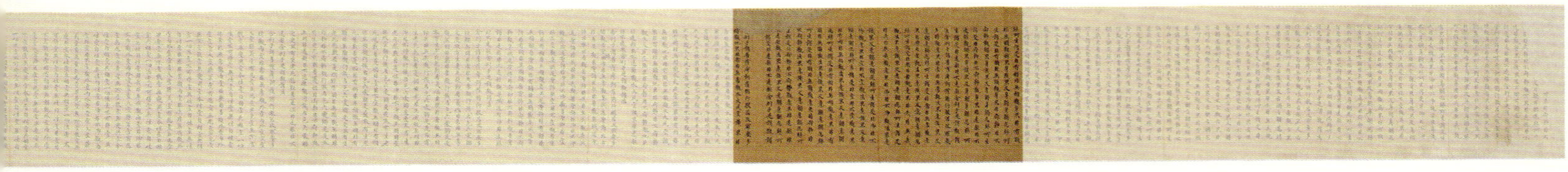

緣所生諸受非有相非無相觀身界非有願
非無願觀觸界身識界及身觸身觸為緣所
生諸受非有願非無願觀身界非寂靜非不
寂靜觀觸界身識界及身觸身觸為緣所生
諸受非寂靜非不寂靜觀身界非遠離非不
遠離觀觸界身識界及身觸身觸為緣所
生諸受非遠離非不遠離舍利子是謂觀諸
法舍利子諸菩薩摩訶薩修行般若波羅蜜
多時觀意界非常非無常觀法界意識界及
意觸意觸為緣所生諸受非常非無常觀意
界非樂非苦觀法界意識界及意觸意觸為
緣所生諸受非樂非苦觀意界非我非無我
觀法界意識界及意觸意觸為緣所生諸受
非我非無我觀意界非淨非不淨觀法界意

諸界及意觸意觸為緣所生諸受非淨非不
淨觀意界非空非不空觀法界意識界及意
觸意觸為緣所生諸受非空非不空觀意界
非有相非無相觀法界意識界及意觸意觸
為緣所生諸受非有相非無相觀意界非有
願非無願觀法界意識界及意觸意觸為緣
所生諸受非有願非無願觀意界非寂靜非
不寂靜觀法界意識界及意觸意觸為緣所
生諸受非寂靜非不寂靜觀意界非遠離非
不遠離觀法界意識界及意觸意觸為緣所
諸受非遠離非不遠離舍利子是謂觀諸

舍利子諸菩薩摩訶薩脩行般若波羅蜜多
時觀地界非常非無常觀水火風空識界非

時觀地界非常非無常觀水火風空識界非
常非無常觀地界非樂非苦觀水火風空識
界非樂非苦觀地界非我非無我觀水火風
空識界非我非無我觀地界非淨非不淨觀
水火風空識界非淨非不淨觀地界非空非
不空觀水火風空識界非空非不空觀地界
非有相非無相觀水火風空識界非有相非
無相觀地界非有願非無願觀水火風空識
界非有願非無願觀地界非寂靜非不寂靜
觀水火風空識界非寂靜非不寂靜觀地界
非遠離非不遠離觀水火風空識界非遠離
非不遠離舍利子是謂觀諸法
舍利子諸菩薩摩訶薩脩行般若波羅蜜多
時觀苦聖諦非常非無常觀集滅道聖諦非常

非無常觀苦聖諦非樂非苦觀集滅道聖
諦非樂非苦觀苦聖諦非我非無我觀集滅
道聖諦非我非無我觀苦聖諦非淨非不淨
觀集滅道聖諦非淨非不淨觀苦聖諦非空
非不空觀集滅道聖諦非空非不空觀苦聖
諦非有相非無相觀集滅道聖諦非有相非
無相觀苦聖諦非有願非無願觀集滅道聖
諦非有願非無願觀苦聖諦非寂靜非不寂
靜觀集滅道聖諦非寂靜非不寂靜觀苦聖
諦非遠離非不遠離觀集滅道聖諦非遠離
非不遠離舍利子是謂觀諸法
舍利子諸菩薩摩訶薩脩行般若波羅蜜多
時觀無明非常非無常觀行識名色六處觸
受愛取有生老死愁歎苦憂惱非常非無常

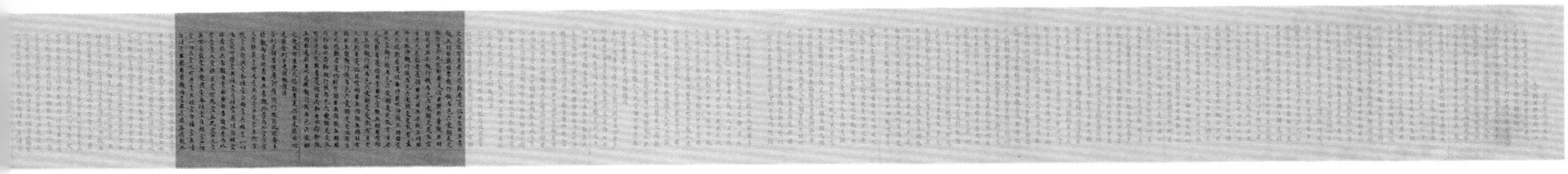

受愛取有生老死愁歎苦憂惱非常非無常
觀無明非樂非苦觀行識名色六處觸受愛
取有生老死愁歎苦憂惱非樂非苦觀無明
非我非無我觀行識名色六處觸受愛取有
生老死愁歎苦憂惱非我非無我觀無明非
淨非不淨觀行識名色六處觸受愛取有生
老死愁歎苦憂惱非淨非不淨觀無明非空
非不空觀行識名色六處觸受愛取有生老
死愁歎苦憂惱非空非不空觀無明非有相
非無相觀行識名色六處觸受愛取有生老
死愁歎苦憂惱非有相非無相觀無明非有
願非無願觀行識名色六處觸受愛取有生
老死愁歎苦憂惱非有願非無願觀無明非
淨非不淨觀行識名色六處觸受愛取

[illegible]
無明非遠離非不遠離觀行識名色六處觸
受愛取有生老死愁歎苦憂惱非遠離非不
遠離舍利子是謂觀諸法
舍利子諸菩薩摩訶薩脩行般若波羅蜜多
時觀內空非常非無常觀外空內外空空空
大空勝義空有為空無為空畢竟空無際空
散空無變異空本性空自相空共相空一切
法空不可得空無性空自性空無性自性空
非常非無常觀內空非樂非苦觀外空內外
空空空大空勝義空有為空無為空畢竟空
無際空散空無變異空本性空自相空共相
空一切法空不可得空無性空自性空無性
自性空非樂非苦觀內空非我非無我觀外

自性空非樂非苦觀內空非我非無我觀外
空內外空空空大空勝義空有爲空無爲空
畢竟空無際空散空無變異空本性空自相
空共相空一切法空不可得空無性空自性
空無性自性空非我非無我觀內空非淨非
不淨觀外空內外空空空大空勝義空有爲
空無爲空畢竟空無際空散空無變異空本
性空自相空共相空一切法空不可得空無
性空自性空無性自性空非淨非不淨觀內
空非空非不空觀外空內外空空空大空勝
義空有爲空無爲空畢竟空無際空散空無
變異空本性空自相空共相空一切法空不
可得空無性空自性空無性自性空非空非
不空觀內空非有相非無相觀外空內外空

空空大空勝義空有為空無為空畢竟空無
際空散空無變異空本性空自相空共相空
一切法空不可得空無性空自性空無性自
性空非有相非無相觀內空非有願非無願
觀外空內外空空空大空勝義空有為空無
為空畢竟空無際空散空無變異空本性空
自性空共相空一切法空不可得空無性空
自性空無性自性空非有願非無願觀內空
非寂靜非不寂靜觀外空內外空空空大空
勝義空有為空無為空畢竟空無際空散空
無變異空本性空自相空共相空一切法空
不可得空無性空自性空無性自性空非寂
靜非不寂靜觀內空非遠離非不遠離觀外
空內外空空空大空勝義空有為空無為空

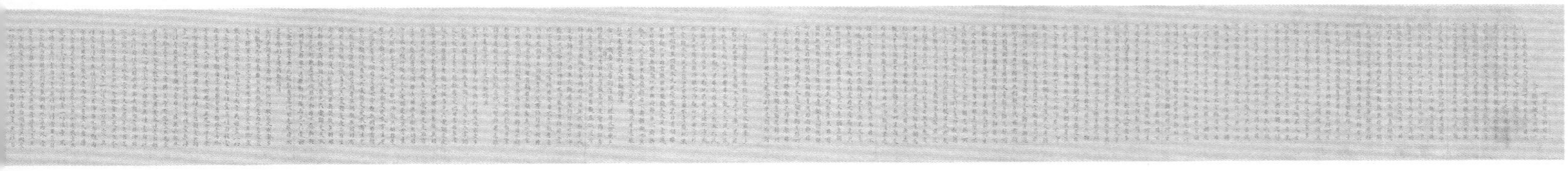

空內外空空空大空勝義空有爲空無爲空
畢竟空無際空散空無變異空本性空自相
空共相空一切法空不可得空無性空自性
空無性自性空非遠離非不遠離 舍利子
是謂觀諸法
舍利子諸菩薩摩訶薩脩行般若波羅蜜多
時觀布施波羅蜜多非常非無常觀淨戒安
忍精進靜慮般若波羅蜜多非常非無常觀
布施波羅蜜多非樂非苦觀淨戒安忍精進
靜慮般若波羅蜜多非樂非苦觀布施波羅
蜜多非我非無我觀淨戒安忍精進靜慮般
若波羅蜜多非我非無我觀布施波羅蜜多
非淨非不淨觀淨戒安忍精進靜慮般若
羅蜜多非淨非不淨觀布施波羅蜜多非

非不空觀淨戒安忍精進靜慮般若波羅蜜
多非空非不空觀布施波羅蜜多非有相非
無相觀淨戒安忍精進靜慮般若波羅蜜多
非有相非無相觀布施波羅蜜多非有願非
無願觀淨戒安忍精進靜慮般若波羅蜜多
非有願非無願觀布施波羅蜜多非寂靜非
不寂靜觀淨戒安忍精進靜慮般若波羅蜜
多非寂靜非不寂靜觀布施波羅蜜多非遠
離非不遠離觀淨戒安忍精進靜慮般若波
羅蜜多非遠離非不遠離舍利子是謂觀諸
法
舍利子諸菩薩摩訶薩脩行般若波羅蜜多
時觀四靜慮非常非無常觀四無量四無色
定非常非無常觀四靜慮非樂非苦觀四無

BD00072　大般若波羅蜜多經卷七二

定非常非無常觀四静慮非樂非苦觀四無
量四無色定非樂非苦觀四静慮非我非無
我觀四無量四無色定非我非無我觀四静
慮非淨非不淨觀四無量四無色定非淨非
不淨觀四静慮非空非不空觀四無量四無
色定非空非不空觀四静慮非有相非無相
觀四無量四無色定非有相非無相觀四静
慮非有願非無願觀四無量四無色定非有
願非無願觀四静慮非寂静非不寂静觀四
無量四無色定非寂静非不寂静觀四静慮
非遠離非不遠離觀四無量四無色定非遠
離非不遠離舍利子是謂觀諸法
舍利子諸菩薩摩訶薩脩行般若波羅蜜多
時觀八解脱非常非無常觀八勝處九次第

定十遍處非常非無常觀八解脫非樂非苦
觀八勝處九次第定十遍處非樂非苦觀八
解脫非我非無我觀八勝處九次第定十遍
處非我非無我觀八解脫非淨非不淨觀八
勝處九次第定十遍處非淨非不淨觀八解
脫非空非不空觀八勝處九次第定十遍處
非空非不空觀八解脫非有相非無相觀八
勝處九次第定十遍處非有相非無相觀八
解脫非有願非無願觀八勝處九次第定十
遍處非有願非無願觀八解脫非寂靜非不
寂靜觀八勝處九次第定十遍處非寂靜非
不寂靜觀八解脫非遠離非不遠離觀八勝
處九次第定十遍處非遠離非不遠離舍利
子是謂觀諸法

子是謂觀諸法
舍利子諸菩薩摩訶薩脩行般若波羅蜜多
時觀四念住非常非無常觀四正斷四神足
五根五力七等覺支八聖道支非常非無常
觀四念住非樂非苦觀四正斷四神足五根
五力七等覺支八聖道支非樂非苦觀四念
住非我非無我觀四正斷四神足五根五力
七等覺支八聖道支非我非無我觀四念住
非淨非不淨觀四正斷四神足五根五力七
等覺支八聖道支非淨非不淨觀四念住非
空非不空觀四正斷四神足五根五力七等
覺支八聖道支非空非不空觀四念住非有
相非無相觀四正斷四神足五根五力七等
覺支八聖道支非有相非無相觀四念住非

有願非無願觀四正斷四神足五根五力七
等覺支八聖道支非有願非無願觀四念住
非寂靜非不寂靜觀四正斷四神足五根五
力七等覺支八聖道支非寂靜非不寂靜觀
四念住非遠離非不遠離觀四正斷四神足五
根五力七等覺支八聖道支非遠離非不
遠離舍利子是謂觀諸法
舍利子諸菩薩摩訶薩脩行般若波羅蜜多
時觀空解脫門非常非無常觀無相無願解
脫門非常非無常觀空解脫門非樂非苦觀
無相無願解脫門非樂非苦觀空解脫門非
我非無我觀無相無願解脫門非我非無我
觀空解脫門非淨非不淨觀無相無願解脫
門非淨非不淨觀空解脫門非空非不空觀

BD00072　大般若波羅蜜多經卷七二

門非淨非不淨觀空解脫門非空非不空觀
無相無願解脫門非空非不空觀空解脫門
非有相非無相觀無相無願解脫門非有相
非無相觀空解脫門非有願非無願觀無相
無願解脫門非有願非無願觀空解脫門非
寂靜非不寂靜觀無相無願解脫門非寂靜
非不寂靜觀空解脫門非遠離非不遠離觀
無相無願解脫門非遠離非不遠離舍利子
是謂觀諸法
舍利子諸菩薩摩訶薩脩行般若波羅蜜多
時觀五眼非常非無常觀六神通非常非無
常觀五眼非樂非苦觀六神通非樂非苦觀
五眼非我非無我觀六神通非我非無我觀
五眼非淨非不淨觀六神通非淨非不淨觀

五眼非空非不空觀六神通非空非不空觀
五眼非有相非無相觀六神通非有相非無相
觀五眼非有願非無願觀六神通非有願非
無願觀五眼非寂靜非不寂靜觀六神通非
寂靜非不寂靜觀五眼非遠離非不遠離
觀六神通非遠離非不遠離舍利子是謂觀
諸法
舍利子諸菩薩摩訶薩脩行般若波羅蜜多
時觀佛十力非常非無常觀四無所畏四無
礙解大慈大悲大喜大捨十八佛不共法非
常非無常觀佛十力非樂非苦觀四無所畏
四無礙解大慈大悲大喜大捨十八佛不共
法非樂非苦觀佛十力非我非無我觀四無
所畏四無礙解大慈大悲大喜大捨十八佛不

所畏四無礙解大慈大悲大喜大捨十八佛不
共法非我非無我觀佛十力非淨非不淨觀
四無所畏四無礙解大慈大悲大喜大捨十
八佛不共法非淨非不淨觀佛十力非空非
不空觀四無所畏四無礙解大慈大悲大
喜大捨十八佛不共法非空非不空觀佛十
力非有相非無相觀四無所畏四無礙解大
慈大悲大喜大捨十八佛不共法非有相非
無相觀佛十力非有願非無願觀四無所畏
四無礙解大慈大悲大喜大捨十八佛不共
法非有願非無願觀佛十力非寂靜非不寂
靜觀四無所畏四無礙解大慈大悲大喜大
捨十八佛不共法非寂靜非不寂靜觀佛十
力非遠離非不遠離觀四無所畏四無礙解

大慈大悲大喜大捨十八佛不共法非遠離
非不遠離舍利子是謂觀諸法
舍利子諸菩薩摩訶薩脩行般若波羅蜜多
時觀真如非常非無常觀法界法性平等性
離生性法定法住實際虛空界不思議界非
常非無常觀真如非樂非苦觀法界法性平
等性離生性法定法住實際虛空界不思議
界非樂非苦觀真如非我非無我觀法界法
性平等性離生性法定法住實際虛空界不
思議界非我非無我觀真如非淨非不淨觀
法界法性平等性離生性法定法住實際虛
空界不思議界非淨非不淨觀真如非空非
不空觀法界法性平等性離生性法定法住
實際虛空界不思議界非空非不空觀真如

BD00072　大般若波羅蜜多經卷七二

實際虛空界不思議界非空非不空觀真如
非有相非無相觀法界法性平等性離生性
法定法住實際虛空界不思議界非有相非
無相觀真如非有願非無願觀法界法性平
等性離生性法定法住實際虛空界不思議
界非有願非無願觀真如非寂靜非不寂靜
觀法界法性平等性離生性法定法住實際
虛空界不思議界非寂靜非不寂靜觀真如
非遠離非不遠離觀法界法性平等性離生
性法定法住實際虛空界不思議界非遠離
非不遠離舍利子是謂觀諸法
舍利子諸菩薩摩訶薩脩行般若波羅蜜多
時觀無上正等菩提非常非無常觀一切智
道相智一切相智非常非無常觀無上正等

非樂非苦觀無上正等菩提非我非無我觀
一切智道相智一切相智非我非無我觀無
上正等菩提非淨非不淨觀一切智道相智
一切相智非淨非不淨觀無上正等菩提非
空非不空觀一切智道相智一切相智非空
非不空觀無上正等菩提非有相非無相觀
一切智道相智一切相智非有相非無相觀
無上正等菩提非有願非無願觀一切智道
相智一切相智非有願非無願觀無上正等
菩提非寂靜非不寂靜觀一切智道相智一
切相智非寂靜非不寂靜觀無上正等菩提
非遠離非不遠離觀一切智道相智一切相
智非遠離非不遠離舍利子是謂觀諸法

BD00072　大般若波羅蜜多經卷七二

智非遠離非不遠離舍利子是謂觀諸法
舍利子諸菩薩摩訶薩脩行般若波羅蜜多
時觀無忘失法非常非無常觀恒住捨性非
常非無常觀無忘失法非樂非苦觀恒住捨
性非樂非苦觀無忘失法非我非無我觀恒
住捨性非我非無我觀無忘失法非淨非不
淨觀恒住捨性非淨非不淨觀無忘失法非
空非不空觀恒住捨性非空非不空觀無忘
失法非有相非無相觀恒住捨性非有相非
無相觀無忘失法非有願非無願觀恒住捨
性非有願非無願觀無忘失法非寂靜非不
寂靜觀恒住捨性非寂靜非不寂靜觀無忘
失法非遠離非不遠離觀恒住捨性　非遠
離非不遠離舍利子是謂觀諸法

舍利子言諸菩薩摩訶薩修行般若波羅蜜多
時觀一切陀羅尼門非常非無常觀一切三
摩地門非常非無常觀一切陀羅尼門非樂
非苦觀一切三摩地門非樂非苦觀一切陀
羅尼門非我非無我觀一切三摩地門非我
非無我觀一切陀羅尼門非淨非不淨觀一
切三摩地門非淨非不淨觀一切陀羅尼門
非空非不空觀一切三摩地門非空非不空
觀一切陀羅尼門非有相非無相觀一切三
摩地門非有相非無相觀一切陀羅尼門非
有願非無願觀一切三摩地門非有願非無
願觀一切陀羅尼門非寂靜非不寂靜觀一
切三摩地門非寂靜非不寂靜觀一切陀羅
尼門非遠離非不遠離觀一切三摩地門非

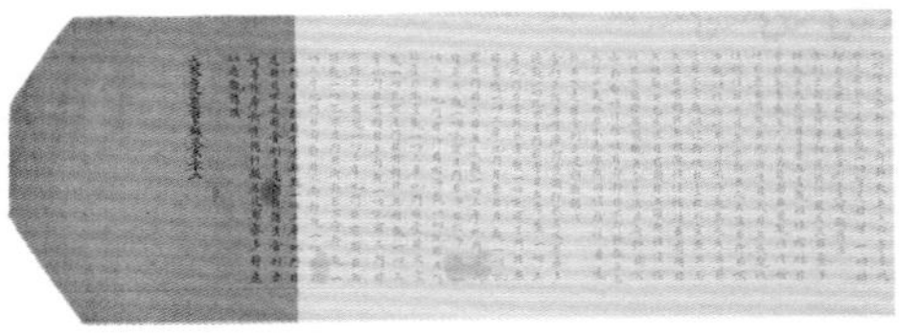

尼門非遠離非不遠離觀一切三摩地門非
遠離非不遠離舍利子是謂觀諸法舍利子
諸菩薩摩訶薩脩行般若波羅蜜多時應
如是觀諸法

大般若波羅蜜多經卷第七十二

BD00073 金剛般若波羅蜜經

（後秦）鳩摩羅什 譯

367.5cm × 26cm

受持乃至
他人說其福勝彼何以故須菩提一切
佛阿耨多羅三藐三菩提皆從此經出
所謂佛法者即非佛法
須菩提於意云何須陁洹能作是
洹果不須菩提言不也世尊何以故
入流而无所入不入色聲香味觸法
菩提於意云何斯陁含能作是念我得
不須菩提言不也世尊何以故斯陁含名一
實无往來是名斯陁含須菩提於意云何
能作是念我得阿那含果不須菩提言不也世
以故阿那含名為不來而實无來是故名阿那含
須菩提於意云何阿羅漢能作是念我得阿羅
漢道不須菩提言不也世尊何以故實无有法
阿羅漢世尊若阿羅漢作是念我得阿羅

諍三昧人中最為第一是第一離欲阿羅漢我
不作是念我是離欲阿羅漢世尊我若作是念我
得阿羅漢道世尊則不說須菩提是樂阿蘭那行
者以須菩提實无所行而名須菩提是樂阿蘭那
行
佛告須菩提於意云何如來昔在燃燈佛所於法
有所得不世尊如來在燃燈佛所於法實无所得
須菩提於意云何菩薩莊嚴佛土不不也世
尊何以故莊嚴佛土者則非莊嚴是名莊嚴是
故須菩提諸菩薩摩訶薩應如是生清淨心不
應住色生心不應住聲香味觸法生心應无所住
而生其心須菩提譬如有人身如須弥山王於意
云何是身為大不須菩提言甚大世尊何以故佛說
非身是名大身

非身是名大身
須菩提如恒河中所有沙數如是沙等恒河於意
云何是諸恒河沙寧為多不須菩提言甚多世
尊但諸恒河尚多无數何況其沙須菩提我
今實言告汝若有善男子善女人以七寶滿
尒所恒河沙數三千大千世界以用布施得福
多不須菩提言甚多世尊
佛告須菩提若善男子善女人於此經中乃至受
持四句偈等為他人說而此福德勝前福德
復次須菩提隨說是經乃至四句偈等當知此處
一切世間天人阿脩羅皆應供養如佛塔廟何
況有人盡能受持讀誦須菩提當知是人成就
最上第一希有之法若是經典所在之處則為
有佛若尊重弟子
尒時須菩提白佛言世尊當何名此經我等云何

奉持佛告須菩提經名為金剛般若波羅蜜以
是名字汝當奉持所以者何須菩提佛說般若波
羅蜜則非般若波羅蜜須菩提於意云何如來有
所說法不須菩提白佛言世尊如來无所說須菩
提於意云何三千大千世界所有微塵是為多不
須菩提言甚多世尊須菩提諸微塵如來說非
微塵是名微塵如來說世界非世界是名世界須
菩提於意云何可以卅二相見如來不不也世尊
何以故如來說卅二相即是非相是名三十二相
須菩提若有善男子善女人以恒河沙等身命
布施若復有人於此經中乃至受持四句偈等
為他人說其福甚多
尒時須菩提聞說是經深解義趣涕淚悲泣
而白佛言希有世尊佛說如是甚深經典我從
昔來所得慧眼未曾得聞如是之經世尊若復

而白佛言希有世尊佛說如是甚深經典我從
昔來所得慧眼未曾得聞如是之經世尊若復
有人得聞是經信心清淨則生實相當知是人成
就第一希有功德世尊是實相者則是非相是
故如來說名實相世尊我今得聞如是經典信
解受持不足為難若當來世後五百歲其有
衆生得聞是經信解受持是人則為第一希
有何以故此人无我相人相衆生相壽者相所以
者何我相即是非相人相衆生相壽者相即是
非相何以故離一切諸相則名諸佛
佛告須菩提如是如是若復有人得聞是經不
驚不怖不畏當知是人甚為希有何以故須菩
提如來說第一波羅蜜非第一波羅蜜是名第
一波羅蜜
須菩提忍辱波羅蜜如來說非忍辱波羅蜜

何以故須菩提如我昔為哥利王割截身體我
於介時无我相无人相无衆生相无壽者相何以
故我於往昔節節支解時若有我相人相衆
生相壽者相應生瞋恨須菩提又念過去於五世
作忍辱仙人於介所世无我相无人相无衆生相
无壽者相是故須菩提菩薩應離一切相發
阿耨多羅三藐三菩提心不應住色生心不應住
聲香味觸法生心應生无所住心若心有住則為
非住是故佛說菩薩心不應住色布施須菩
提菩薩為利益一切衆生應如是布施如來說
一切諸相即是非相又說一切衆生則非衆生
須菩提如來是真語者實語者如語者不誑語者
不異語者須菩提如來所得法此法无實无虛須
菩提若菩薩心住於法而行布施如人入闇則
无所見若菩薩心不住法而行布施如人有目日

菩提若菩薩心住於法而行布施如人入闇則
无所見若菩薩心不住法而行布施如人有目日
光明照見種種色須菩提當來之世若有善男子
善女人能於此經受持讀誦則爲如來以佛智慧
悉知是人悉見是人皆得成就无量无邊功德
須菩提若有善男子善女人初日分以恒河沙
等身布施中日分復以恒河沙等身布施後日
分亦以恒河沙等身布施如是无量百千万億劫
以身布施若復有人聞此經典信心不逆其福
勝彼何況書寫受持讀誦爲人解說
須菩提以要言之是經有不可思議不可稱量无
邊功德如來爲發大乘者說爲發最上乘者
說若有人能受持讀誦廣爲人說如來悉知是
人悉見是人皆得成就不可量不可稱无有邊
不可思議功德如是人等則爲荷擔如來阿耨

耨多羅三藐三菩提何以故須菩提若樂小法者著
我見人見衆生見壽者見則於此經不能聽受
讀誦為人解說須菩提在在處處若有此經一
切世間天人阿脩羅所應供養當知此處則為
是塔皆應恭敬作礼圍遶以諸華香而散其處
復次須菩提善男子善女人受持讀誦此經若
為人輕賤是人先世罪業應墮惡道以今世人
輕賤故先世罪業則為消滅當得阿耨多羅三
藐三菩提須菩提我念過去无量阿僧祇劫於
然燈佛前得值八百四千万億那由他諸佛悉皆
供養承事无空過者若復有人於後末世能受
持讀誦此經所得功德於我所供養諸佛功德
百分不及一千万億分乃至筭數譬喻所不能及
須菩提若善男子善女人於後末世有受持讀
誦此經所得功德我若具說者或有人聞心則狂

誦此經所得功德我若具說者或有人聞心則狂
乱狐疑不信須菩提當知是經義不可思議果
報亦不可思議
尒時須菩提白佛言世尊善男子善女人發阿
耨多羅三藐三菩提心云何應住云何降伏其
心佛告須菩提善男子善女人發阿耨多羅
三藐三菩提者當生如是心我應滅度一切衆
生滅度一切衆生已而无有一衆生實滅度者
何以故若菩薩有我相人相衆生相壽者相
則非菩薩所以者何須菩提實无有法發阿耨
多羅三藐三菩提者須菩提於意云何如來於
燃燈佛所有法得阿耨多羅三藐三菩提不不
也世尊如我解佛所說義佛於燃燈佛所无有
法得阿耨多羅三藐三菩提
佛言如是如是須菩提實无有法如來得阿耨

多羅三藐三菩提須菩提若法如來得阿耨多
羅三藐三菩提燃燈佛則不與我受記汝於來
世當得佛号釋迦牟尼以實无有法得阿耨
多羅三藐三菩提是故燃燈佛與我受記作是
言汝於來世當得作佛号釋迦牟尼何以故如來
者即諸法如義若有人言如來得阿耨多羅三
藐三菩提
須菩提實无有法佛得阿耨多羅三藐三菩提
須菩提如來所得阿耨多羅三藐三菩提於是中
无實无虛是故如來說一切法皆是佛法須菩提
所言一切法者即非一切法是故名一切法
須菩提譬如人身長大須菩提言世尊如來說
人身長大則為非大身是名大身須菩提菩薩
亦如是若作是言我當滅度无量衆生則不名

人身長大則爲非大身是名大身須菩提菩薩
亦如是若作是言我當滅度无量衆生則不名
菩薩何以故須菩提无有法名爲菩薩是故佛
說一切法无我无人无衆生无壽者須菩提若菩
薩作是言我當莊嚴佛土是不名菩薩何以
故如來說莊嚴佛土者即非莊嚴是名莊嚴須
菩提若菩薩通達无我法者如來說名真是菩
薩須菩提於意云何如來有肉眼不如是世尊
如來有肉眼須菩提於意云何如來有天眼不
如是世尊如來有天眼須菩提於意云何如來
有慧眼不如是世尊如來有慧眼須菩提於
意云何如來有法眼不如是世尊如來有法
眼須菩提於意云何如來有佛眼不如是
世尊如來有佛眼須菩提於意云何如恒河
中所有沙佛說是沙不如是世尊如來說是沙

須菩提於意云何如一恒河中所有沙有如是沙等
恒河是諸恒河所有沙數佛世界如是寧為
多不甚多世尊
佛告須菩提尒所國土中所有衆生若干種
心如來悉知何以故如來說諸心皆為非心是
名為心所以者何須菩提過去心不可得現
在心不可得未來心不可得須菩提於意
云何若有人滿三千大千世界七寶以用布
施是人以是因緣得福多不如是世尊此人以
是因緣得福甚多須菩提若福德有實如來
不說得福德多以福德无故如來說福德多
須菩提於意云何佛可以具足色身見不不也
世尊如來不應以色身見何以故如來說具
足色身即非具足色身是名具足色身須
菩提於意云何如來可以具足諸相見不不也

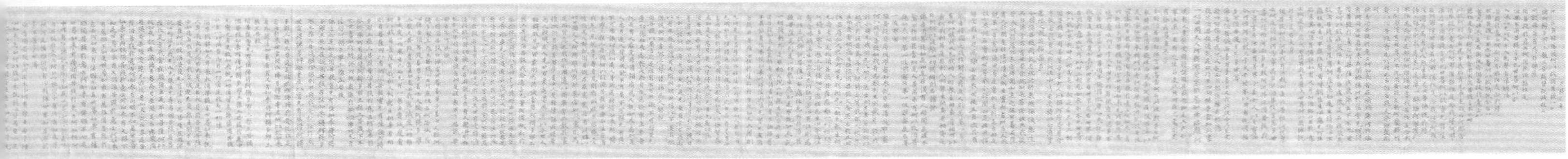

足色身即非具足色身是名具足色身須
菩提於意云何如來可以具足諸相見不不也
世尊如來不應以具足諸相見何以故如來說
諸相具足即非具足是名諸相具足須菩
提汝勿謂如來作是念我當有所說法莫作
是念何以故若人言如來有所說法即爲
謗佛不能解我所說故須菩提說法者无法
可說是名說法
須菩提白佛言世尊佛得阿耨多羅三藐三
菩提爲无所得耶如是如是須菩提我於阿
耨多羅三藐三菩提乃至无有少法可得是
名阿耨多羅三藐三菩提復次須菩提是法
平等无有高下是名阿耨多羅三藐三菩
提以无我无人无衆生无壽者脩一切善法則
得阿耨多羅三藐三菩提須菩提所言善法

者如來說非善法是名善法須菩提若三千
大千世界中所有諸須弥山王如是等七寶聚
有人持用布施若人以此般若波羅蜜經乃
至四句偈等受持為他人說於前福德百
分不及一百千万億分乃至筭數譬喻所不能及
須菩提於意云何汝等勿謂如來作是念我
當度衆生須菩提莫作是念何以故實无
有衆生如來度者若有衆生如來度者如來則有我人衆生壽者
則非有我而凡夫之人以為有我須菩提凡夫
者如來說則非凡夫須菩提於意云何可以卅
二相觀如來不須菩提言如是如是以卅二
相觀如來佛言須菩提若以卅二相觀如來者
轉輪聖王則是如來須菩提白佛言世尊
如我解佛所說義不應以卅二相觀如來尒
時世尊而說偈言

BD00073　金剛般若波羅蜜經

如我解佛所說義不應以三十二相觀如來
時世尊而說偈言
若以色見我　以音聲求我　是人行邪道　不能見如來
須菩提汝若作是念如來不以具足相故得
阿耨多羅三菩提須菩提莫作是念如來不
以具足相故得阿耨多羅三藐三菩提須菩
提汝若作是念發阿耨多羅三藐三菩提者
說諸法斷滅相莫作是念何以故發阿耨
多羅三藐三菩提者於法不說斷滅相須
菩提若菩薩以滿恒河沙等世界七寶布施若
復有人知一切法无我得成於忍此菩薩勝前
菩薩所得功德須菩提以諸菩薩不受福
德故須菩提白佛言世尊云何菩薩不受福
德須菩提菩薩所作福德不應貪著是故
說不受福德須菩提若有人言如來若來若去

若坐若臥是人不解我所說義何以故如来
者无所從来亦无所去故名如来
須菩提若善男子善女人以三千大千世界
碎為微塵於意云何是微塵衆寧為多不
甚多世尊何以故若是微塵衆實有者佛則
不說是微塵衆所以者何佛說微塵衆則非微
塵衆是名微塵衆世尊如来所說三千大千
世界則非世界是名世界何以故若世界實有
則是一合相如来說一合相則非一合相是名
一合相須菩提一合相者則是不可說但凡
夫之人貪著其事須菩提若人言佛說
我見人見衆生見壽者見須菩提於意云何
是人解我所說義不世尊是人不解如来所
說義何以故世尊說我見人見衆生見壽者
見即非我見人見衆生見壽者見是名我見

說義何以故世尊說我見人見衆生見壽者
見即非我見人見衆生見壽者見是名我見
人見衆生見壽者見須菩提發阿耨多羅三
藐三菩提心者於一切法應如是知如是見
如是信解不生法相須菩提所言法相如來
說即非法相是名法相須菩提若有人以滿
无量阿僧祇世界七寶持用布施若有善男
子善女人發菩薩心者持於此經乃至四句
偈等受持讀誦為人演說其福勝彼云何為
人演說不取於相如如不動何以故
一切有為法 如夢幻泡影 如露亦如電 應作如是觀
佛說是經已長老須菩提及諸比丘比丘
尼優婆塞優婆夷一切世間天人阿脩羅
聞佛所說皆大歡喜信受奉行

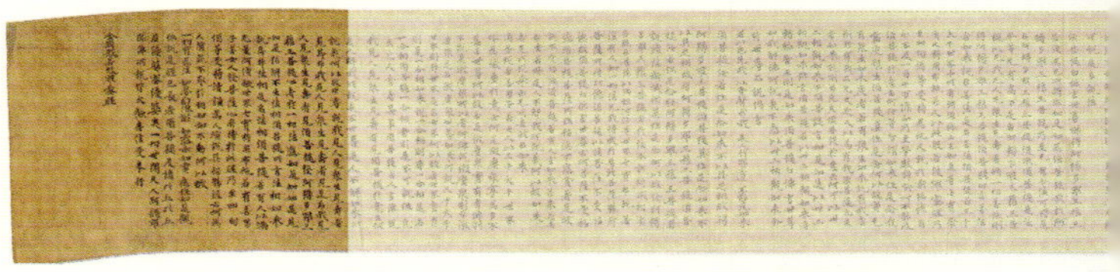

BD00073　金剛般若波羅蜜經

BD00074 妙法蓮華經卷六

（後秦）鳩摩羅什 譯

599cm × 24.5cm

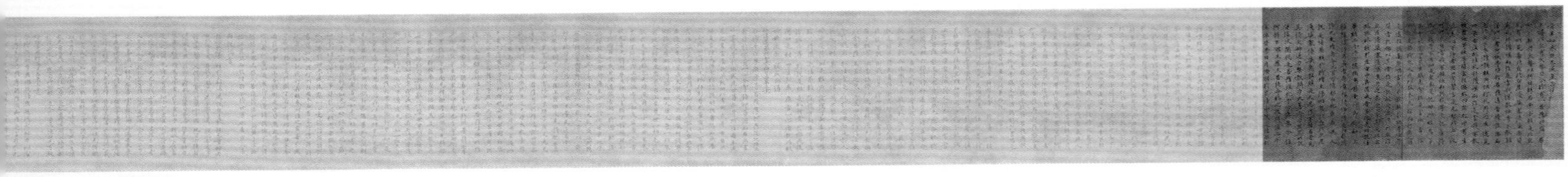

音王如來既已滅度正法
上慢比丘有大勢力尒時有一菩薩比丘名
常不輕得大勢以何因緣名常不輕是比丘
凡有所見若比丘比丘尼優婆塞優婆夷皆
悉礼拜讃嘆而作是言我深敬汝等不敢輕
慢所以者何汝等皆行菩薩道當得作佛而
是比丘不專讀誦經典但行礼拜乃至遠見
四衆亦復故往礼拜讃嘆而作是言我不敢
輕於汝等汝等皆當作佛故四衆之中有生
瞋恚心不淨者惡口罵詈言是无智比丘從
何所來自言我不輕汝而與我等受記當得
作佛我等不用如是虚妄受記如此經歷多
年常被罵詈不生瞋恚常作是言汝當作

佛說是語時衆人或以杖木瓦石而打擲之避
走遠住猶高聲唱言我不敢輕於汝等汝等
皆當作佛以其常作是語故增上慢比丘比
丘尼優婆塞優婆夷號之為常不輕是比丘
臨欲終時於虛空中具聞威音王佛先所說法
華經二十千万億偈悉能受持即得如上
眼根清淨耳鼻舌身意根清淨得是六根清
淨已更增壽命二百万億那由他歲廣為人
說是法華經於時增上慢四衆比丘比丘尼
優婆塞優婆夷輕賤是人為作不輕名者見
其得大神通力樂說辯力大善寂力聞其所說
皆信伏隨從是菩薩復化千万億衆令住
阿耨多羅三藐三菩提命終之後得值二千
億佛皆號日月燈明於其法中說是法華經

BD00074　妙法蓮華經卷六

阿耨多羅三藐三菩提命終之後得值二千
億佛皆号日月燈明於其法中說是法華經
以是因緣復值二千億佛同号雲自在燈王
於此諸佛法中受持讀誦為諸四衆說此經
典故得是常眼清淨耳鼻舌身意諸根清淨
於四衆中說法心无所畏得大勢是常不輕
菩薩摩訶薩供養如是若干諸佛恭敬尊重
讃嘆種諸善根於後復值千万億佛亦於諸
佛法中說是經典功德成就當得作佛得大
勢於意云何尒時常不輕菩薩豈異人乎則
我身是若我於宿世不受持讀誦此經為他
人說者不能疾得阿耨多羅三藐三菩提我
於先佛所受持讀誦此經為人說故疾得阿
耨多羅三藐三菩提得大勢彼時四衆比丘

比丘尼優婆塞優婆夷以瞋恚意輕賤我故
二百億劫常不值佛不聞法不見僧千劫於
阿鼻地獄受大苦惱畢是罪已復遇常不輕
菩薩教化阿耨多羅三藐三菩提得大勢於
汝意云何尒時四衆常輕是菩薩者豈異人
乎今此會中跋陁婆羅等五百菩薩師子月
等五百比丘尼思佛等五百優婆塞皆於阿
耨多羅三藐三菩提不退轉者是得大勢當
知是法華經大饒益諸菩薩摩訶薩能令至
於阿耨多羅三藐三菩提是故諸菩薩摩訶
薩於如來滅後常應受持讀誦解說書寫是
經尒時世尊欲重宣此義而說偈言
過去有佛　号威音王　神智无量　將導一切
天人龍神　所共供養　是佛滅後　法欲盡時

過去有佛 号威音王 神智无量 將導一切
天人龍神 所共供養 是佛滅後 法欲盡時
有一菩薩 名常不輕 時諸四衆 計着於法
不輕菩薩 往到其所 而語之言 我不輕汝
汝等行道 皆當作佛 諸人聞已 輕毀罵詈
不輕菩薩 能忍受之 其罪畢已 臨命終時
得聞此經 六根清淨 神通力故 增益壽命
復爲諸人 廣說是經 諸着法衆 皆蒙菩薩
教化成就 令住佛道 不輕命終 值无數佛
說是經故 得无量福 漸具功德 疾成佛道
彼時不輕 則我身是 時四部衆 着法之者
聞不輕言 汝當作佛 以是因緣 值无數佛
此會菩薩 五百之衆 并及四部 清信士女
今於我前 聽法者是 我於前世 勸是諸人

聽受其經　第一之法　開示教人　令住涅槃
世世受持　如是經典　億億万劫　至不可議
時乃得聞　是法華經　億億万劫　至不可議
諸佛世尊　時說是經　是故行者　於佛滅後
聞如是經　勿生疑惑　應當一心　廣說此經
世世值佛　疾成佛道

妙法蓮華經如來神力品第二十一

尒時千世界微塵等菩薩摩訶薩從地踊出
者皆於佛前一心合掌瞻仰尊顏而白佛言
世尊我等於佛滅後世尊分身所在國土滅
度之處當廣說此經所以者何我等亦自欲
得是真淨大法受持讀誦解說書寫而供養
之尒時世尊於文殊師利等無量百千万億
舊住娑婆世界菩薩摩訶薩及諸比丘比丘

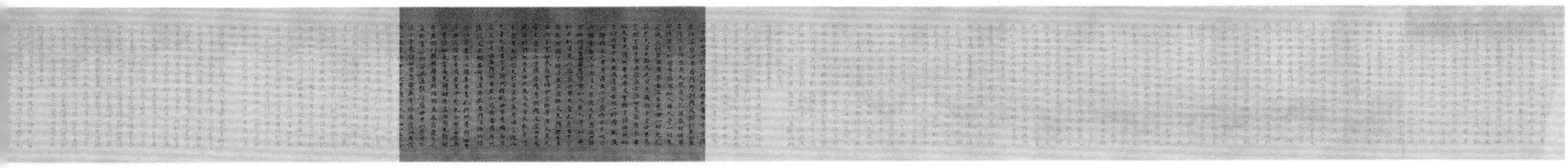

之尒時世尊於文殊師利等无量百千万億
舊住娑婆世界菩薩摩訶薩及諸比丘比丘
尼優婆塞優婆夷天龍夜叉乾闥婆阿脩羅
迦樓羅緊那羅摩睺羅伽人非人等一切衆
前現大神力出廣長舌上至梵世一切毛孔
放於无量无數色光皆悉遍照十方世界衆
寶樹下師子座上諸佛亦復如是出廣長舌
放无量光釋迦牟尼佛及寶樹下諸佛現神
力時滿百千歲然後還攝舌相一時謦欬俱
共彈指是二音聲遍至十方諸佛世界地皆
六種震動其中衆生天龍夜叉乾闥婆阿脩
羅迦樓羅緊那羅摩睺羅伽人非人等以佛
神力故皆見此娑婆世界无量无邊百千万
億衆寶樹下師子座上諸佛及見釋迦牟尼

佛共多寶如來在寶塔中坐師子座又見无
量无邊百千万億菩薩摩訶薩及諸四衆恭
敬圍繞釋迦牟尼佛既見是已皆大歡喜得
未曾有即時諸天於虛空中高聲唱言過此
无量无邊百千万億阿僧祇世界有國名娑
婆是中有佛名釋迦牟尼今為諸菩薩摩訶
薩說大乘經名妙法蓮華教菩薩法佛所護
念汝等當深心隨喜亦當礼拜供養釋迦牟
尼佛彼諸衆生聞虛空中聲已合掌向娑婆
世界作如是言南无釋迦牟尼佛南无釋迦
牟尼佛以種種華香瓔珞幡蓋及諸嚴身之
具珎寶妙物皆共遙散娑婆世界所散諸物
從十方來譬如雲集變成寶帳遍覆此間諸
佛之上于時十方世界通達无礙如一佛土

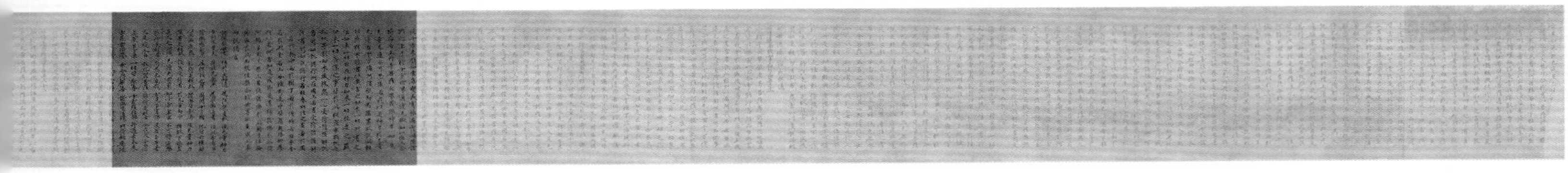

從十方來譬如雲集變成寶帳遍覆此間諸
佛之上于時十方世界通達无礙如一佛土尒
時佛告上行等菩薩大衆諸佛神力如是
无量无邊不可思議若我以是神力於无量
无邊百千万億阿僧祇劫為囑累故說此經
功德猶不能盡以要言之如來一切所有之
法如來一切自在神力如來一切秘要之藏
如來一切甚深之事皆於此經宣示顯說是
故汝等於如來滅後應一心受持讀誦解說
書寫如說脩行所在國土若有受持讀誦解
說書寫如說脩行若經卷所住之處若於園
中若於林中若於樹下若於僧坊若白衣舍
若在殿堂若山谷曠野是中皆應起塔供養
所以者何當知是處即是道場諸佛於此得

阿耨多羅三藐三菩提諸佛於此轉于法輪
諸佛於此而般涅槃尒時世尊欲重宣此義
而說偈言
諸佛救世者　住於大神通　為悅衆生故　現无量神力
舌相至梵天　身放无數光　為求佛道者　現此希有事
諸佛謦欬聲　及彈指之聲　周聞十方國　地皆六種動
以佛滅度後　能持是經故　諸佛皆歡喜　現无量神力
囑累是經故　讚美受持者　於无量劫中　猶故不能盡
是人之功德　无邊无有窮　如十方虛空　不可得邊際
能持是經者　則為已見我　亦見多寶佛　及諸分身者
又見我今日　教化諸菩薩　能持是經者　令我及分身
滅度多寶佛　一切皆歡喜　十方現在佛　并過去未來
亦見亦供養　亦令得歡喜　諸佛坐道場　所得祕要法
能持是經者　不久亦當得　能持是經者　於諸法之義

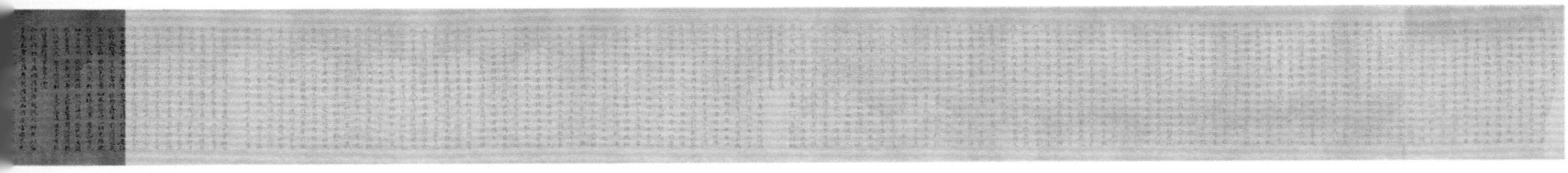

亦見亦供養　亦令得歡喜　諸佛坐道場　所得祕要法
能持是經者　不久亦當得　能持是經者　於諸法之義
名字及言辭　樂說无窮盡　如風於空中　一切无障礙
於如來滅後　知佛所說經　因緣及次第　隨義如實說
如日月光明　能除諸幽冥　斯人行世間　能滅衆生闇
教无量菩薩　畢竟住一乘　是故有智者　聞此功德利
於我滅度後　應受持斯經　是人於佛道　決定无有疑

妙法蓮華經囑累品第二十二

尒時釋迦牟尼佛從法座起現大神力以右手摩无量菩薩摩訶薩頂而作是言我於无量百千万億阿僧祇劫脩習是難得阿耨多羅三藐三菩提法今以付囑汝等汝等應當一心流布此法廣令增益如是三摩諸菩薩摩訶薩頂而作是言我於无量百千万億阿

僧祇劫修習是難得阿耨多羅三藐三菩提
法今以付囑汝等汝等當受持讀誦廣宣此
法令一切衆生普得聞知所以者何如來有
大慈悲无諸慳悋亦无所畏能與衆生佛之
智慧如來智慧自然智慧如來是一切衆生
之大施主汝等亦應隨學如來之法勿生慳
悋於未來世若有善男子善女人信如來智
慧者當為演說此法華經使得聞知為令其
人得佛慧故若有衆生不信受者當於如來
餘深法中示教利喜汝等若能如是則為已
報諸佛之恩時諸菩薩摩訶薩聞佛作是說
已皆大歡喜遍滿其身益加恭敬曲躬低頭
合掌向佛俱發聲言如世尊勅當具奉行唯
然世尊願不有慮諸菩薩摩訶薩衆如是三

合掌向佛俱發聲言如世尊勑當具奉行唯
然世尊願不有慮諸菩薩摩訶薩衆如是三
反俱發聲言如世尊勑當具奉行唯然世尊
願不有慮尒時釋迦牟尼佛令十方來諸分
身佛各還本土而作是言諸佛各隨所安多
寶佛塔還可如故說是語時十方无量分身
諸佛坐寶樹下師子座上者及多寶佛并上
行等无邊阿僧祇菩薩大衆舍利弗等聲
聞四衆及一切世間天人阿脩羅等聞佛所說
皆大歡喜

妙法蓮華經藥王菩薩本事品第二十三

尒時宿王華菩薩白佛言世尊藥王菩薩云
何遊於娑婆世界世尊是藥王菩薩有若干
百千万億那由他難行苦行善哉世尊願少解

諸天龍夜叉乾闥婆阿脩羅迦樓羅
緊那羅摩睺羅伽人非人等又他國土諸來
菩薩及此聲聞衆聞皆歡喜尒時佛告宿王
華菩薩乃往過去无量恒河沙劫有佛号曰
月淨明德如來應供正遍知明行足善逝世
間解无上士調御丈夫天人師佛世尊其佛
有八十億大菩薩摩訶薩七十二恒河沙大
聲聞衆佛壽四万二千劫菩薩壽命亦等彼
國无有女人地獄餓鬼畜生阿脩羅等及以
諸難地平如掌琉璃所成寶樹莊嚴寶帳覆
上垂寶華幡寶瓶香爐周遍國界七寶爲臺
一樹一臺其樹去臺盡一箭道此諸寶樹皆
有菩薩聲聞而坐其下諸寶臺上各有百億
諸天作天伎樂歌歎於佛以爲供養尒時彼

BD00074　妙法蓮華經卷六

有菩薩聲聞而坐其下諸寶臺上各有百億
諸天作天伎樂歌歎於佛以為供養尒時彼
佛為一切眾生憙見菩薩及眾菩薩諸聲聞
眾說法華經是一切眾生憙見菩薩樂習苦
行於日月淨明德佛法中精進經行一心求
佛滿万二千歲已得現一切色身三昧得此
三昧已心大歡憙即作念言我得現一切色
身三昧皆是得聞法華經力我今當供養日
月淨明德佛及法華經即時入是三昧於虛
空中雨曼陁羅華摩訶曼陁羅華細末堅黑
栴檀滿虛空中如雲而下又雨海此岸栴檀
之香此香六銖價直娑婆世界以供養佛作
是供養已從三昧起而自念言我雖以神力
供養於佛不如以身供養即服諸香栴檀薰

陸兜樓婆畢力迦沉水膠香又飲瞻蔔諸華
香油滿千二百歲已香油塗身於日月淨明
德佛前以天寶衣而自纏身灌諸香油以神
通力願而自燃身光明遍照八十億恒河沙
世界其中諸佛同時讚言善哉善哉善男子
是真精進是名真法供養如來若以華香瓔
珞燒香末香塗香天繒幡蓋及海此岸栴檀
之香如是等種種諸物供養所不能及假使
國城妻子布施亦所不及善男子是名第一
之施於諸施中最尊最上以法供養諸如來
故作是語已而各嘿然其身火燃千二百歲
過是已後其身乃盡一切眾生憙見菩薩作
如是法供養已命終之後復生日月淨明德
佛國中於淨德王家結加趺坐忽然化生即

如是法供養已命終之後復生日月淨明德
佛國中於淨德王家結跏趺坐忽然化生即
為其父而說偈言
大王今當知　我經行彼處　即時得一切　現諸身三昧
勤行大精進　捨所愛之身
說是偈已而白父言日月淨明德佛今故現
在我先供養佛已得解一切眾生語言陀羅
尼復聞是法華經八百千万億那由他甄迦
羅頻婆羅阿閦婆等偈大王我今當還供養
此佛白已即坐七寶之臺上昇虛空高七多
羅樹往到佛所頭面礼足合十指爪以偈讚佛
容顏甚奇妙　光明照十方　我適曾供養　今復還親近
尒時一切衆生憙見菩薩說是偈已而白佛
言世尊世尊猶故在世尒時日月淨明德佛

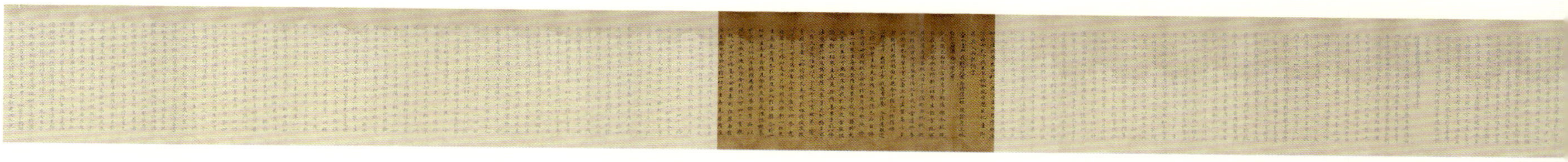

告一切衆生憙見菩薩善男子我涅槃時至
滅盡時至汝可安施床座我於今夜當般涅
槃又勅一切衆生憙見菩薩善男子我以佛
法囑累於汝及諸菩薩大弟子并阿耨多羅
三藐三菩提法亦以三千大千七寶世界諸
寶樹寶臺及給侍諸天悉付於汝我滅度後
所有舍利亦付囑汝當令流布廣設供養應
起若干千塔如是日月淨明德佛勅一切衆
生憙見菩薩已於夜後分入於涅槃尒時一
切衆生憙見菩薩見佛滅度悲感懊惱戀慕
於佛即以海此岸栴檀為𧂐供養佛身而以
燒之火滅已後收取舍利作八万四千寶瓶
以起八万四千塔高三世界表刹莊嚴垂諸
幡蓋懸衆寶鈴尒時一切衆生憙見菩薩復

以起八万四千塔高三世界表刹莊嚴垂諸
幡蓋懸衆寶鈴尒時一切衆生憙見菩薩復
自念言我雖作是供養心猶未足我今當更
供養舍利便語諸菩薩大弟子及天龍夜叉
等一切大衆汝等當一心念我今供養日月
淨明德佛舍利作是語已即於八万四千塔
前燃百福莊嚴臂七万二千歲而以供養令无
數求聲聞衆无量阿僧祇人發阿耨多羅
三藐三菩提心皆使得住現一切色身三昧
尒時諸菩薩天人阿脩羅等見其无臂憂惱
悲哀而作是言此一切衆生憙見菩薩是我
等師教化我者而今燒臂身不具足于時一
切衆生憙見菩薩於大衆中立此誓言我捨
兩臂必當得佛金色之身若實不虛令我兩

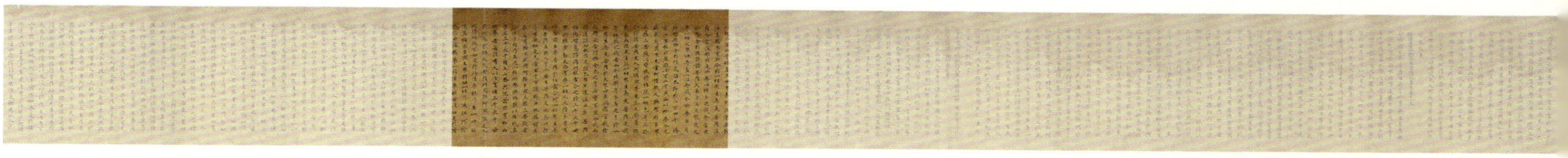

臂還復如故作是誓已自然還復由斯菩薩
福德智慧淳厚所致當尒之時三千大千世
界六種震動天雨寶華一切人天得未曾有
佛告宿王華菩薩於汝意云何一切衆生憙
見菩薩豈異人乎今藥王菩薩是也其所捨
身布施如是无量百千万億那由他數宿王
華若有發心欲得阿耨多羅三藐三菩提者
能燃手指乃至足一指供養佛塔勝以國城妻
子及三千大千國土山林河池諸珎寶物而
供養者若復有人以七寶滿三千大千世
界供養於佛及大菩薩辟支佛阿羅漢是人
所得功德不如受持此法華經乃至一四句
偈其福最多宿王華譬如一切川流江河諸
水之中海為第一此法華經亦復如是於諸

BD00074　妙法蓮華經卷六

偈其福最多宿王華譬如一切川流江河諸
水之中海為第一此法華經亦復如是於諸
如来所説經中最為深大又如土山黑山小
鐵圍山大鐵圍山及十寶山衆山之中須彌
山為第一此法華經亦復如是於諸經中最
為其上又如衆星之中月天子最為第一此
法華經亦復如是於千万億種諸經法中最
為照明又如日天子能除諸闇此經亦復如
是能破一切不善之闇又如諸小王中轉輪
聖王最為第一此經亦復如是於衆經中最
為其尊又如帝釋於三十三天中王此經亦
復如是諸經中王又如大梵天王一切衆生
之父此經亦復如是一切賢聖學无學及發
菩薩心者之父又如一切凡夫人中須陁洹

斯陀含阿那含阿羅漢辟支佛為第一此經
亦復如是一切如來所說若菩薩所說若聲
聞所說諸經法中冣為第一有能受持是經
典者亦復如是於一切衆生中亦為第一一
切聲聞辟支佛中菩薩為第一此經亦復如
是於一切諸經法中冣為第一如佛為諸法
王此經亦復如是諸經中王宿王華此經能
救一切衆生者此經能令一切衆生離諸苦
惱此經能大饒益一切衆生充滿其願如清
涼池能滿一切諸渴乏者如寒者得火如裸
者得衣如商人得主如子得母如渡得船如
病得醫如闇得燈如貧得寶如民得王如賈
客得海如炬除闇此法華經亦復如是能令
衆生離一切苦一切病痛能解一切生死之縛

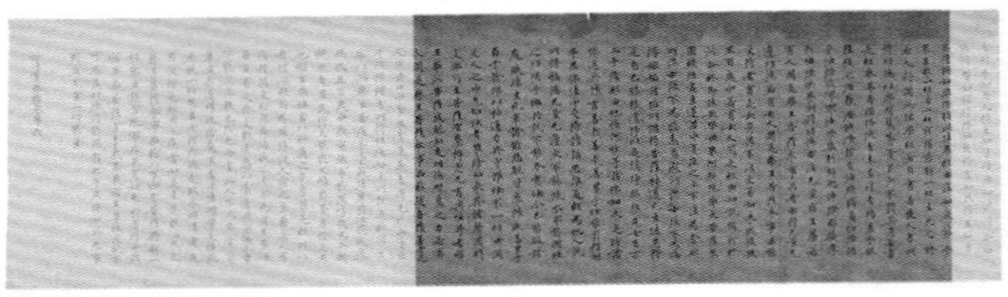

客得海如炬除闇此法華經亦復如是能令
衆生離一切苦一切病痛能解一切生死之縛
若人得聞此法華經若自書若使人書所
得功德以佛智慧籌量多少不得其邊若書
是經卷華香瓔珞燒香末香塗香幡蓋衣服
種種之燈穌燈油燈諸香油燈瞻蔔油燈須
曼油燈波羅羅油燈婆利師迦油燈那婆摩
利油燈供養所得功德亦復无量宿王華若
有人聞是藥王菩薩本事品者亦得无量无
邊功德若有女人聞是藥王菩薩本事品能
受持者盡是女身後不復受若如來滅後後
五百歲中若有女人聞是經典如說脩行於
此命終即往安樂世界阿弥陁佛大菩薩衆
圍繞住處生蓮華中寶座之上不復為貪欲

所惱亦復不爲瞋恚愚癡所惱亦復不爲憍
慢嫉妬諸垢所惱得菩薩神通无生法忍得
是忍已眼根清淨以是清淨眼根見七百万
二千億那由他恒河沙等諸佛如来是時諸
佛遥共讃言善哉善哉善男子汝能於釋迦
牟尼佛法中受持讀誦思惟是經爲他人說
所得福德无量无邊火不能燒水不能漂汝
之功德千佛共說不能令盡汝今已能破諸
魔賊壞生死軍諸餘怨敵皆悉摧滅善男子
百千諸佛以神通力共守護汝於一切世間
天人之中无如汝者唯除如来其諸聲聞辟
支佛乃至菩薩智慧禪定无有與汝等者宿
王華此菩薩成就如是功德智慧之力若有
人聞是藥王菩薩本事品能隨喜讃善者是

人聞是藥王菩薩本事品能隨喜讚善者是
人現世口中常出青蓮華香身毛孔中常出
牛頭栴檀香所得功德如上所說是故宿王
華以此藥王菩薩本事品囑累於汝我滅度
後後五百歲中廣宣流布於閻浮提无令斷
絕惡魔魔民諸天龍夜叉鳩槃荼等得其便
也宿王華汝當以神通之力守護是經所以
者何此經則為閻浮提人病之良藥若人有
病得聞是經病即消滅不老不死宿王華汝
若見有受持是經者應以青蓮華盛滿末香
供散其上散已作是念言此人不久必當取
草坐於道場破諸魔軍當吹法螺擊大法鼓
度脫一切衆生老病死海是故求佛道者見
有受持是經典人應當如是生恭敬心說是

藥王菩薩本事品時八萬四千菩薩得解一
切衆生語言陁羅尼多寶如来於寶塔中讚
宿王華菩薩言善哉善哉宿王華汝成就不
可思議功德乃能問釋迦牟尼佛如此之事
利益无量一切衆生

妙法蓮華經卷第六

BD00075A　大般若波羅蜜多經卷一五〇

（唐）玄奘 譯

47.2cm × 26.6cm

兑

蜜多若淨若不淨不應觀淨戒安忍精進靜
慮般若波羅蜜多若淨若不淨何以故布施
波羅蜜多布施波羅蜜多自性空淨戒安忍
精進靜慮般若波羅蜜多淨戒乃至般若波
羅蜜多自性空是布施波羅蜜多自性即非
自性是淨戒乃至般若波羅蜜多自性亦非自
性若非自性即是靜慮波羅蜜多於此靜慮
波羅蜜多布施波羅蜜多不可得彼淨不
淨亦不可得淨戒乃至般若波羅蜜多皆不
可得彼淨不淨亦不可得所以者何此中尚
无布施波羅蜜多等可得何況有彼淨與不
淨汝若能脩如是靜慮是脩靜慮波羅蜜多
宣說真正靜慮波羅蜜多
復次憍尸迦若善男子善女人等爲發无上菩

樂心者宣說靜慮波羅蜜多作如是言汝善
男子應脩靜慮波羅蜜多不應觀內空若
常若无常不應觀外空內外空空空大空勝
義空有為空无為空畢竟空无際空散空
變異空本性空自相空共相空一切法空不
可得空无性空自性空无性自性空若常若
无常何以故內空內空自性空外空內外空
空空大空勝義空有為空无為空畢竟
空无際空散空无變異空本性空自相空共相
空一切空不可得空无性空自性空无性自

BD00075B

大般若波羅蜜多經卷二九五

（唐）玄奘 譯

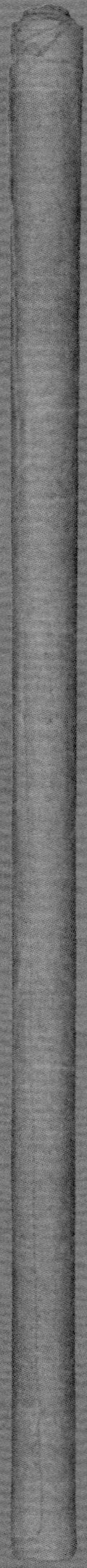

45cm × 27.5cm

究

生諸受畢竟空故不生不滅不染不淨由此
滅不染不淨故般若波羅蜜多清淨法界意
識界及意觸意觸爲緣所生諸受不生不滅
不染不淨故般若波羅蜜多清淨世尊云何意
界不生不滅不染不淨故般若波羅蜜多清
淨法界乃至意觸爲緣所生諸受不生不
滅不染不淨故般若波羅蜜多清淨善現意
界畢竟空故不生不滅不染不淨法界乃至
意觸爲緣所生諸受畢竟空故不生不滅不
染不淨由此般若波羅蜜多清淨佛言善現
地界不生不滅不染不淨故般若波羅蜜多
清淨水火風空識界不生不滅不染不淨故
般若波羅蜜多清淨世尊云何地界不生不
滅不染不淨故般若波羅蜜多清淨水火風
空識界不生不滅不染不淨故般若波羅蜜

多清淨善現地界畢竟空故不生不滅不染
不淨水火風空識界畢竟空故不生不滅不
染不淨由此般若波羅蜜多清淨佛言善現
无明不生不滅不染不淨故般若波羅蜜多
清淨行識名色六處觸受愛取有生老死愁
歎苦憂惱不生不滅不染不淨故般若波羅
蜜多清淨世尊云何无明不生不滅不染不
淨故般若波羅蜜多清淨行乃至老死愁歎
苦憂惱不生不滅不染不淨故般若波羅蜜

BD00075C 大般若波羅蜜多經卷五四二

（唐）玄奘 譯

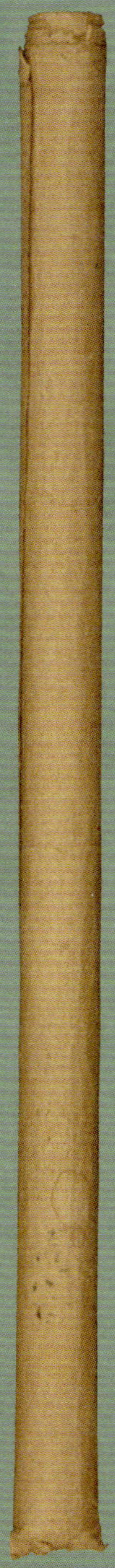

51.7cm × 27.6cm

已於无上正等菩提得不退轉諸菩薩中有退
菩薩作如是言我今欣樂速證无上正等菩
提濟拔有情生死衆苦令得殊勝畢竟安
樂若善男子善女人等為成彼事書深般若
波羅蜜多衆寶莊嚴供養恭敬尊重讚歎
轉施與彼受持讀誦復作是言來善男子汝
當於此甚深般若波羅蜜多至心聽聞受持
讀誦令善通利如理思惟隨此法門應正信
解若正信解則能修學甚深般若波羅蜜多
若能修學甚深般若波羅蜜多則能證得一
切智法若能證得一切智法則修般若波羅
蜜多疾得圓滿若修般若波羅蜜多疾得圓
滿便能證得一切智智是善男子善女人等不

福聚甚多於前无量无邊不可稱數復次
憍尸迦置贍部洲諸有情類若四大洲諸有
情類若小千界諸有情類若中千界諸有情
類若大千界諸有情類若復十方各如殑伽
沙等世界諸有情類皆於无上正等菩提得
不退轉有善男子善女人等書寫般若波羅
蜜多衆寶莊嚴供養恭敬尊重讚歎普施
與彼受持讀誦復作是言來善男子汝等於
此甚深般若波羅蜜多至心聽聞受持讀誦令
善通利如理思惟隨此法門應正信解若正
信解則能脩學甚深般若波羅蜜多若能脩
學甚深般若波羅蜜多則能證得一切智法
若能證得一切智法則脩般若波羅蜜多疾
得圓滿若脩般若波羅蜜多疾得圓滿便能
證得一切智智於意云何是善男子

[illegible]方術醫藥便能

諸得一切智智於意云何是善男子善女人

等由此因緣得福不天帝釋言甚多世尊

圖書在版編目（CIP）數據

中國國家圖書館藏敦煌文獻．第五册 / 中國國家圖書館編．—北京：國家圖書館出版社，2023.12

ISBN 978-7-5013-7880-7

Ⅰ．①中… Ⅱ．①中… Ⅲ．①敦煌學－文獻 Ⅳ．① K870.6

中國國家版本館 CIP 數據核字（2023）第 211222 號

書　　名　中國國家圖書館藏敦煌文獻·第五册
著　　者　中國國家圖書館　編
項目統籌　魏　崇　殷夢霞
責任編輯　潘　竹　程魯潔　黄　鑫　苗文葉
責任校對　劉宇石　王　衡

出版發行　國家圖書館出版社（北京市西城區文津街 7 號　100034）
（原書目文獻出版社　北京圖書館出版社）
010-66114536　63802249　nlcpress@nlc.cn（郵購）
網　　址　http://www.nlcpress.com
排版印裝　天津裕同印刷有限公司
版次印次　2023 年 12 月第 1 版　2023 年 12 月第 1 次印刷

開　　本　787 × 1092　1/8
印　　張　40.5
書　　號　ISBN 978-7-5013-7880-7
定　　價　2800.00 圓